Dr. Sebastian Heinz
Staatsfeind № 1 – Innovation

STAATSFEIND № 1

INNOVATION

Über die Hürden von Innovationen
und wie man sie erfolgreich meistert.

Originalausgabe

1. Auflage 2025

ISBN 978-3-96856-098-4

© 2025 by Dr. Sebastian Heinz

Verlag: Twinprint Verlag e. K., Königswinter 2025

Text: Dr. Sebastian Heinz

Umschlaggestaltung und Satz: Markus Werner

Alle Rechte vorbehalten

Druck: Libri Plureos GmbH, Friedensallee 273, 22763 Hamburg

»Alles was funktionieren kann, wird auch funktionieren«

Yhprum's Law

Während Murphy's Law uns das Schlimmste befürchten lässt, erinnert uns Yhprum's Law daran, dass das Leben auf seltsame Weise funktioniert, oft auf eine Weise, die wir nicht hätten planen können, selbst wenn wir es versucht hätten.

Es geht nicht um blinden Optimismus, sondern um die Erkenntnis, dass das Scheitern unserer Pläne manchmal zu etwas unerwartet Wunderbarem führt.

HOW TO READ

Auf den Anfang, den ersten Satz kommt es an! Bei jedem Buch, das uns in seinen Bann zieht. »How to read«: Wie lese ich das Buch, den Autor, die Welt? Wahrscheinlich lest Ihr dieses Buch zum ersten Mal, ich als Autor bin Euch unbekannt und Ihr fragt Euch, wie Euch dieses Buch dabei helfen kann, Euch und Eure Welt besser kennen und einschätzen zu lernen. Gründe genug, Euch mit »How to read« lesebereit für dieses Buch zu machen.

»Staatsfeind No. 1 – Innovation« ist als Sammlung von Episoden aufgesetzt. Ihr könnt es wie ein Buch von vorne nach hinten lesen. Ihr könnt es aber auch episodenweise lesen. Damit kann ich Euch unter dem Titel der einzelnen Episoden auf wenigen Seiten meine Kernaussagen an die Hand geben, die für meinen Weg und meinen Einsatz für Innovation bis hierher entscheidend waren und zukünftig bleiben werden. Damit möchte ich Euch »snackable content« anbieten und Eure wertvolle Zeit nur so lange in Anspruch nehmen, wie Ihr dem Thema Innovation in Eurem Alltag

Eure volle Aufmerksamkeit schenken könnt und wollt. Denn Innovation ist der schwierigste Teil der Entwicklung. Er verlangt nicht weniger als unsere volle Aufmerksamkeit!

Innovation hat den Vorteil und den Nachteil, die Chance und das Risiko, dass es noch keiner zuvor gemacht hat. Deshalb gibt es auch keine Blaupause für Innovation. Egal, was Euch alle anderen einreden wollen. Jede Innovation hat ihren eigenen Fingerabdruck, ihren eigenen Kontext, ihre eigene Seele. Jede Innovation hat am Anfang eine aus Sicht des Innovators überwältigende Idee. Und das ist auch gut so. Die Erfahrungen, die ich gesammelt habe, erheben nicht den Anspruch, für alle Innovationen gleichermaßen zu gelten. Ich teile meine Erfahrungen mit Euch, weil ich davon überzeugt bin, dass es Gemeinsamkeiten zwischen Innovationen gibt, die wert sind, anhand von Erfahrungen anderer für die eigene Innovation hinterfragt zu werden. Dafür biete ich Euch am Ende einer jeden Episode Leitfragen an, anhand derer Ihr die Kernbotschaften der Episode auf Euch übertragen könnt. Versteht diese Fragen als Anregung für die eigene Auseinandersetzung mit Euch, Eurer Innovation und Eurer Welt und nicht als Checkliste oder Blaupause für Eure Innovation. Alles, was zählt, ist Eure Innovation mit ihrem Fingerabdruck, ihrem Kontext und ihrer Seele.

Meine teilweise nicht einfache Sprache hat zwei einfache Gründe: Erstens, ich liebe Sprache und deshalb spiele ich mit ihr gelegentlich herum. Mein Spielplatz sind Worte und Strukturen. Sätze, Bilder, innere Zusammenhänge. Es lohnt sich daher, die einzelnen Episoden nicht nur querzulesen, sondern auch die Botschaft zwischen den Zeilen zu erspüren. Zweitens, ich bin ein Kind der Wissenschaft. Wer von Euch promoviert hat, also selbst eine Doktorarbeit geschrieben hat, der weiß, wovon ich schreibe. Die wichtigste Aufgabe einer Doktorarbeit ist die Schließung einer wissenschaftlichen Lücke. So banal das klingt, so schwierig ist es. Dennoch gebe ich mir Mühe, den »snackable content« meiner Episoden für Euch sprachlich nicht zu versalzen.

Damit wären wir auch schon bei mir, dem Autor dieses Buches. Wer mich lesen möchte, der muss ein paar Dinge über mich wissen, die ich Euch jetzt erzähle: Ich bin ein Weihnachtsmann, ein Steinbock also, und stehe aktuell in der Blüte meines Lebens. Auf dem Zenit meiner Schaffenskraft. Ich habe das Gefühl, Berge versetzen zu können, und bin frei von der Überheblichkeit des Gedankens oder Anspruchs an mich selbst, dies allein zu vermögen. Innovation gelingt nur mit den richtigen Gefährten. Ein besonderer Vorteil, der mir dabei in die Wiege gelegt worden ist, ist mein Zwillingsbruder. Ich war also noch nie auf mich allein gestellt. Schon in unserer Kindheit ging es noch nie darum, wer etwas besser als der andere kann. Uns hat immer nur die Frage umgetrieben, was wir besser können, wenn wir unsere Stärken verbinden. Wir haben zudem das große Glück, in unseren Familien ein stabiles und glückliches Umfeld gefunden zu haben und selbst Grundlage dessen sein zu dürfen. Meine Familie ist ein enorm wichtiger Anker meines Strebens und Unterstützerin meines unerschöpflichen Drangs nach Innovation. Und ich habe Gefährten gefunden, die mit herausragenden Fähigkeiten unersetzbare Beiträge für den gemeinsamen Erfolg leisten.

Die Interaktion mit Menschen und dem Umfeld folgt spezifischen Regeln, wie ein Spiel. Spielregeln haben für mich einen eigenen, inneren Reiz. Kenne ich die Regeln eines Spiels, habe ich eine reelle Chance, das Spiel zu gewinnen – so ich mich denn entscheide, dieses Spiel überhaupt zu spielen. Kenne ich dagegen die Regeln eines Spiels nicht, reduziert sich das Gewinnen auf eine reine Glückssache. Das widerstrebt mir zutiefst, denn ich bin vieles, nur keinesfalls ein Zocker. Die Gewinnung von Partnern und Unterstützern für eine Innovation entscheidet sich nach eben solchen Regeln. Manipulation wäre der Missbrauch dieser Regeln für den einseitigen Vorteil. Eine Methode, die aus meiner Sicht keine Grundlage für einen dauerhaften Erfolg sein kann.

Als Geograph mit einem Schwerpunkt auf Entwicklungshilfe bin ich aufgrund der Vermittlung meines Schwiegervaters und nach einem erfolgreich bestandenen Assessment Center in das Inhouse Consulting der Deutschen Telekom gegangen. Den »roten Faden« meines Lebenslaufes ausgerechnet dorthin brachte mein erster Chef folgendermaßen am Ende des Assessment Centers auf den Punkt: »Ich würde mich freuen, wenn Sie sich entschließen könnten, Entwicklungshilfe für die Deutsche Telekom zu leisten.« Für mich sind und waren die darauffolgenden 16 Jahre bei der Deutschen Telekom in unterschiedlichen Funktionen und Verantwortlichkeiten ein Beleg dafür, dass die eigene Neuerfindung nicht nur einmal, sondern immer wieder auch dann gelingt, wenn man noch nicht weiß, wo einen die Reise hinführt. Man braucht lediglich für sich einen klaren inneren Kompass.

Um die Sprache der BWLer um mich herum besser zu verstehen, habe ich kurzerhand und berufsbegleitend noch das volle BWL-Studium absolviert und abgeschlossen, das mir dann im Ergebnis die Chance auf eine Promotion eröffnete. »Markterschließung im Kooperationsmodell« heißt das Werk, das Ihr Euch auf den Seiten der Universität Duisburg-Essen kostenlos herunterladen könnt.

Meine Dissertation hielt eine ganz eigene Herausforderung

für mich bereit. Als Praktiker und Vertriebler war ich von meiner Idee und ihrer Genialität so überzeugt, dass ich zwei wesentliche Punkte für die Zielerreichung eines Doktortitels schlichtweg ignoriert habe: Die Anforderungen an eine wissenschaftliche Sprache sowie die Identifikation und Schließung einer wissenschaftlichen Lücke. Das Feedback meines geschätzten Doktorvaters war kurz und prägnant, in seiner Konsequenz jedoch enorm: »Bitte deutlich weniger Adjektive und etwas mehr Theorie.« Die einzig sinnvolle Lösung für mich war, das gesamte Werk zu löschen und bei null anzufangen. Im Nachhinein bin ich für diese Reise extrem dankbar. Die Entscheidung war dennoch wie eine schmerzhafte Zäsur für mich und verbunden mit der Frage, wofür ich diesen Aufwand eigentlich betreibe. Als mir klar wurde, dass ich dies nur für mich mache, um mir selbst zu beweisen, dass ich die Anforderungen an eine Dissertation erfülle und damit den Doktortitel verdiene, waren alle inneren Widerstände überwunden und der Weg frei für diese Reise.

Und damit sind wir bei meinem inneren Antrieb: Ich bin beseelt von dem Gedanken, dass Kooperation die zentrale Voraussetzung für die Umsetzung von Innovation ist. Für mich sind Kooperationen der Gegenentwurf zu Allmachtsfantasien. Think Big ist die Grundlage von Allmachtsfantasien. Und so paradox es klingt: Think Bigger ist die Grundlage von Kooperationen. Echte Kooperationen haben das Wohl aller Beteiligten im Blick, verzichten auf einseitige Optimierungen und bündeln die Stärken der einzelnen Partner. In der Spieltheorie nennen wir solche Konstellationen »Koalitionen« und die einzelnen Spieler »Koalitionäre«. Wo die Reise unrühmlich endet, kann man regelmäßig beobachten, wenn Koalitionen, beispielsweise in der Politik, zerbrechen oder an ihren eigenen Zielen scheitern. Zuerst erodiert das gemeinsame Ziel, dann die Zusammenarbeit, danach die Kommunikation untereinander und übereinander und schließlich der ganze Plan. Wenn man jedoch von Beginn an und in aller Konsequenz nach echter Kooperation strebt, grenzt man als erfreulichen Nebeneffekt diejenigen aus, die zuvorderst ihre Selbstoptimierung im Blick haben, und kommt in den Genuss von Gefährten, die einem dabei helfen, die Innovation tatsächlich in die Welt zu bringen. Dafür erforderlich ist es, die Welt zu lesen. Den Kontext, die Menschen, das Umfeld.

Warum schreibe ich ausgerechnet jetzt dieses Buch? Wie komme ich auf das schmale Brett, dass meine Erfahrungen für Euch und Eure Innovation auch nur im Ansatz nützlich sein könnten? Seit über 12 Jahren beschäftige ich mich mit einer echten Innovation in einer Schlüsselindustrie mit gesellschaftlicher, sogar globaler Relevanz: Einer grundlegend neuen Batterie. Batterien sind ein elementarer Bestandteil der weltweiten Mobilitäts- und Energiewende. Wir haben unsere Lösung auf die Herausforderungen der Batteriealterung »HPB Feststoffakku« genannt. Prof. Dr. Günther Hambitzer, der Erfinder dieser Technologie, hat nahezu sein gesamtes wissenschaftliches und weite Teile seines privaten Lebens in diese Innovation investiert. Ich selbst durfte ihn in verschiedenen Rollen und Funktionen begleiten. Daraus ist nicht nur eine tiefe Freundschaft entstanden. Ich blicke auf 12 Jahre Erfahrung in einem Haifischbecken der Innovation, 12 Jahre »all-in«, 12 Jahre Konsequenz und 12 Jahre erfolgreichen Überlebenskampf zurück. Eine Zeit, in der wir alle Fragen des Unternehmertums immer wieder neu gestellt und die Antworten wieder und wieder auf den Kopf gestellt haben. Immer mit dem unbeugsamen Willen, diese Innovation erfolgreich in den Markt zu bringen – nicht, um damit märchenhaft reich zu werden, sondern weil Technologien dieses Kalibers für die gesamtgesellschaftliche Entwicklung von entscheidender Bedeutung sind. Dabei habe ich gelernt, dass die Widerstände gegen Innovation umso größer werden, je besser die Innovation ist. Denn damit tritt man vielen auf die Füße, die aus dem Status Quo ihr Kapital schlagen und für die Veränderung Gefahr bedeutet. Dass wir trotz allem noch existieren, obwohl gerade im Batterieumfeld die Sterne teils schneller sinken als sie emporsteigen, erfüllt mich mit Stolz. Diese 12 Jahre haben bis hierher unglaubliche Kraft gekostet, unzählige Menschen verbunden und für ein Füllhorn an Erfahrungen gesorgt, die für Euch von Bedeutung sein könnten.

Wenn meine Episoden relevante Anregungen für Euch bieten, habe ich mein Ziel erreicht. Und wenn nur ein einziger von Euch deshalb seinen Weg zum Erfolg für seine Innovation findet, hat sich dieses Buch mehr als gelohnt. Denn ich glaube, dass Innovatoren durch die Bank vor vergleichbaren Herausforderungen stehen. Als Leitbilder dienen dabei oft erfolgreiche Innovationen. Über die Stolpersteine wird eher ungerne gesprochen. Die liegen jedoch vielfach nicht in der Innovation selbst, sondern im Umfeld und dem eigenen Umgang damit begründet. Und genau das habt Ihr selbst in der Hand, wenn es Euch gelingt, Eure Welt zu lesen.

Genug der Vorrede und viel Erfolg für Eure Innovation!

How to read

»HOW TO READ«

› Kenne ich mich selbst?

› Wer bin ich?

› Wo komme ich her?

› Was macht mich als Person und Persönlichkeit aus?

› Was ist mir wichtig?

› Wie gehe ich mit Schwierigkeiten um?

› Was treibt mich an?

Inhalt

KLIMAWANDEL UND ANDERE SPALTEREIEN

Was steckt drin

Klimawandel ist eines der global am kontroversesten diskutierten Themen. Es spaltet vielerorts die Gesellschaften. Anstatt den Handlungsdruck in eine neue Vision für die Welt zu übersetzen, werden Wohlstand und Klimawandel gegeneinander ausgespielt. Als gäbe es das eine ohne die Konsequenz des anderen. Diese Diskussion überlagert vollkommen die Kraft von Innovation und die enorme Schubkraft für Wohlstand, die eine Vorreiterrolle bei skalierbaren, technologischen Lösungen einbringen kann. »Klimawandel« kann allerdings auch als Synonym für »Bedrohung durch Neues« stehen. Warum wir für die Begründung der Sinnhaftigkeit der Energie- und Mobilitätswende den Klimawandel gar nicht brauchen und warum es dennoch so schwerfällt, das Richtige zu tun, ist Gegenstand dieser Episode.

Die Episode

Fossile Energieträger wie Braunkohle, Steinkohle, Erdöl und Erdgas, sind dem Grunde nach nichts anderes als die sogenannten Erneuerbaren Energieträger, wie Windkraft, Solarenergie, Wasserkraft oder Biomasse. Ein wesentlicher und in der Tat beträchtlicher Unterschied besteht in der Bildungsrate, also in der Zeitdauer, die erforderlich ist, um den jeweiligen Energieträger zu bilden. Der Entstehung fossiler Energieträger liegen tektonische Prozesse zugrunde, die über tausende Jahre hinweg zur Bildung dieser Energieträger führen. Erneuerbare Energieträger stehen dagegen kurzfristig zur Verfügung.

Hinsichtlich der Verteilung der Energieträger gibt es ebenfalls gewichtige Unterschiede: Aufgrund der schieren Bildungsdauer der fossilen Energieträger und deren tektonischer Bildungsprozesse sind die Lagerstätten auf Dauer, und für unsere Nutzung »a priori« festgelegt. Die Verteilung verändert sich in unserer Zeitrechnung nicht geografisch, sondern im Proporz durch die Entdeckung neuer Lagerstätten, den technischen Fortschritt und den Wert des Rohstoffes. Dabei gilt: Je höher die Nachfrage, desto lohnender die Ausbeutung, und je besser die Technologie, desto effizienter deren Gewinnung und Nutzung. Erneuerbare Energien sind in ihrer Verteilung ebenfalls »a priori« festgelegt, allerdings hinsichtlich ihrer Entstehung einerseits sehr viel kurzfristiger verfügbar und andererseits in ihrer Ausbeutung zumindest bei Wind, Sonne und Biomasse im Wesentlichen vom Technikeinsatz abhängig, nicht von einer geologischen Lagerstätte.

Erneuerbare Energien haben allerdings auch »einen Zettel am Zeh«, einen Nachteil, der immer wieder ins Feld geführt wird, wenn es um den Kampf zwischen fossilen und erneuerbaren Energien geht: Ihre Volatilität, also ihre Abhängigkeit von lokalen klimatischen Ereignissen. Dem gegenüber steht eine sehr gute Steuerbarkeit bei der technischen Nutzung der fossilen Energieträger. Eine sichere Stromversorgung hängt von der Fähigkeit der Energieversorger ab, den Energiebedarf jederzeit zu decken. Je volatiler und damit sprunghafter ein Energieträger zur Verfügung steht, desto schwieriger ist der Ausgleich zwischen Erzeugung und Verbrauch zu bewerkstelligen. Ist damit die Entscheidung zugunsten der fossilen Energieträger bereits gefallen? Scheinbar ja und sicherlich nein.

Ein Beispiel für die höhere Komplexität der Realität: Wasserkraft hängt natürlicherweise an der Verteilung von Flüssen, Stauseen und Gewässern und damit an der regionalen Topologie sowie der klimatischen Einbettung der Region. Für diese Energiequelle stellt der Klimawandel eine besondere Bedrohung dar, weil die Verfügbarkeit der Wasserkraft auf dem Festland – und damit auch die Kühlmöglichkeit für Atomkraftwerke – an Niederschlagsereignissen hängt. Perioden längerer Trockenheit sorgen für eine unkalkulierbare – im Falle der fehlenden Reaktorkühlung sogar extrem gefährliche – Volatilität dieser Energiequelle. Die Atomkraft hängt somit indirekt »am Tropf« der Wasserkraft.

Geopolitisch betrachtet gibt es drei Hauptursachen für Konflikte: Energie, Ernährung und Wasser. Positiv gesprochen geht es um die Versorgungssicherheit, negativ gesprochen um Verteilungskämpfe. Eine fehlende Versorgungssicherheit ist ursächlich für Kriege und globale Flüchtlingsströme. Die Abhängigkeit der Energieversorgung von fossilen und nuklearen Energieträgern birgt für all jene Länder erhebliche Risiken, die keine ausreichenden eigenen Reserven oder geologische Lagerstätten besitzen. Allein aus diesem simplen geopolitischen Grund wäre es grundsätzlich eher vorteilhaft als nachteilig, die eigene Energieversorgung auf Energieträger zu stützen, die unter der eigenen Kontrolle liegen. Windkraft, Solarenergie, Biomasse und Wasserkraft sind zwar volatil, können aber im Konfliktfall zumindest nicht ohne erheblichen Aufwand von außen abgestellt und eine erzwungene Energiekrise damit nicht als taktische Waffe benutzt werden. Der Krieg in der Ukraine hat zudem eindrücklich gezeigt, dass auch die Versorgungssicherheit mit Lebensmitteln, hier vor allem die Bündelung der globalen Weizenvorräte in nur wenigen Ländern, weltweite Auswirkungen auf erzwungene Hungersnöte und damit Flüchtlingsströme haben kann. Der Zugang zu Wasser, und insbesondere zu sauberem Trinkwasser, ist der dritte relevante Kriegsgrund, je knapper dieser Rohstoff bei zunehmender Trockenheit wird – mit Wechselwirkungen zur Versorgungssicherheit bei Ernährung und Energie.

Eine ganz andere Dimension eröffnet sich, wenn man berücksichtigt, was man alles aus den fossilen Rohstoffen herstellen kann. Insbesondere Erdöl ist die Grundlage vieler Produkte von Plastik bis hin zu wichtigen medizinischen Produkten. Viele dieser Produkte lassen sich auf dem Wege des Recyclings grundsätzlich in neue Produkte umwandeln, so dass der Rohstoff mehrfach benutzt werden kann. Dabei ist noch nicht berücksichtigt, welche Innovationen wir auf der Basis dieser Rohstoffe noch sehen werden. Bei der Verwendung als Energiequelle, sei es für die Stromerzeugung, Wärmeerzeugung oder die Mobilität, erfolgt die Nutzung dagegen über Verbrennung. Eine Nachnutzung ist damit ausgeschlossen. Ganz losgelöst von der Freisetzung des über Erdzeitalter gebundenen CO2 und den damit assoziierten

Folgen für den Klimawandel. Verbrennen ist damit die sicherlich dümmste Nutzung für diese besonderen Rohstoffe.

Solange die Entnahme schneller erfolgt als die Nachbildung, kommt es rein mathematisch früher oder später zu einem Versiegen der Quellen für diese Rohstoffe. Die Verantwortung für einen intelligenteren Umgang mit den Ressourcen liegt in unseren Händen. Eine »fire and forget« Mentalität oder die Entschuldigung, dass wir in den wenigen Jahren bis zu unserer Rente eh nichts mehr tun können, ist gegenüber unseren Kindern und Enkeln unentschuldbar.

Diese Erkenntnisse sind nicht neu. Sie setzten auch kein umfangreiches Vorwissen voraus. Sie sind noch nicht einmal besonders kompliziert. Und doch erleben wir einen Kampf zwischen den vermeintlichen Gegenspielern Wohlstand und Klimawandel. Die Ursache dafür liegt in den persönlichen Befindlichkeiten und Egoismen, in denen wir alle gefangen sind. Der Umbau der Energieversorgung hin zu Erneuerbaren Energien erfordert Dekaden und ist nicht in einer Legislaturperiode abgeschlossen. Er erfordert Investitionen in Erzeugungstechnologien, vor allem aber in Speichertechnologien. Er erfordert ein Umdenken, ein neues Zielbild für die Zukunft, neue Wege zur Erreichung der Versorgungssicherheit – am Ende des Tages ein wahres El Dorado für Innovation! Dabei kommt es darauf an, dass wir die einzelnen Innovationen nicht gegeneinander ausspielen, sondern uns darüber austauschen, wie sich all diese Innovationen ergänzen können, um eine bessere Zukunft zu ermöglichen.

Ich möchte Euch an dieser Stelle drei Beispiele für den Kampf um Innovation geben, die für mich sehr eindrücklich sind: Vor über 100 Jahren hat Rudolf Diesel den Dieselmotor erfunden. Eine Erfindung, die zu der damaligen Zeit niemand haben wollte und die dennoch Grundlage einer beispiellosen industriellen Revolution geworden ist. Rudolf Diesel hatte nichts von seiner Erfindung und ist verarmt gestorben. 2007 wurde in Deutschland exklusiv durch die T-Mobile, die Mobilfunktochter der Deutschen Telekom, das erste iPhone in den Markt gebracht. Zu dieser Zeit war ich in der Vertriebsstrategie der Deutschen Telekom tätig. Niemand aus dem Vertrieb wollte iPhones verkaufen. Der Endgerätetrend ging voll in Richtung der Miniaturisierung, große Bildschirme wurden als Rückschritt empfunden, von Kameras und Apps war weit und breit nichts zu sehen. Nokia, Blackberry, Motorola und Sony Ericsson waren die unangefochtenen Platzhirsche. Erst als die Zielmarke von 1 Mio. Endgeräten zum Ende des Jahres 2007 vom damaligen Vertriebsvorstand erzwungen worden war, startete der Siegeszug des iPhones in Deutschland. Alle Annehmlichkeiten, die für uns heute selbstverständlich sind, waren zu dieser Zeit für die meisten nicht vorstellbar. Es war die Vision eines Steve Jobs, des Gründers von Apple, die Vision eines beeindruckenden Innovators.

Von diesen Beispielen gibt es sicherlich einige. Ich finde diese beiden besonders eindrücklich, weil sie in der aktuellen Zeit eine besondere Bedeutung erlangt haben: Seit der leidenschaftlichen Debatte über Sinn und Unsinn der Elektromobilität erfreut sich der Dieselmotor einer Anerkennung, die er zur Zeit seiner Erfindung nie hatte und über die Zeit gegen alle Widerstände hart erkämpfen musste. Die zahllosen Annehmlichkeiten und Erleichterungen, die mit den heutigen Smartphones verbunden sind, waren noch vor wenigen Jahren undenkbar. Sie entstanden in den Köpfen weniger Innovatoren, die sich mit dem Status Quo nicht zufriedengegeben haben und ihren Weg gegen alle Widerstände konsequent gegangen sind. Im Nachhinein fällt es sehr leicht, zu sagen: »Das war ja klar, dass sich diese Innovation durchsetzen würde.« War es nicht. Viele sagen: »Da hätte man damals investieren sollen, dann wäre man heute märchenhaft reich.« Das Problem daran ist, dass die Entscheidung für Innovation nicht im Nachhinein getroffen wird, sondern weit vor dem Einbiegen auf die Siegerstraße.

Deshalb möchte ich Euch mit dem dritten Beispiel an den Punkt führen, wo die Weichen noch nicht gestellt sind, die Entscheidung noch nicht getroffen ist: Die Entdeckung des HPB Feststoffakkus. Die Innovation, für die ich seit nunmehr 12 Jahren konsequent kämpfe und alles aufbiete, was ich zu leisten imstande bin. Seit über dreißig Jahren treibt unseren Erfinder, Prof. Dr. Günther Hambitzer, die Frage um, wie er die Batteriealterung an deren chemischer Wurzel lösen kann. Und eben diese Frage hat er mit einem völlig neuen Batteriesystem beantwortet. Er besitzt die Fähigkeit, die chemischen Abläufe vor seinem geistigen Auge zu sehen. Eine Geistesleistung, vor der ich mich als erklärter Fan des Gehirns als größtem Geschenk für uns Menschen wahrhaft verneige.

Wir wissen heute, dass die Energie- und Mobilitätswende aus vielen Gründen alternativlos ist. Wir wissen auch, dass dafür enorme Investitionen in Speichertechnologien erforderlich sind und dass die verfügbaren Technologien heute noch nicht auf dem Niveau sind, das wir benötigen, um nicht das eine Nachhaltigkeitsproblem durch ein neues zu lösen. Batteriespeicher haben hier für die kurzfristige Speicherung eine besondere Rolle. Grund genug, die Themen Nachhaltigkeit, Sicherheit und Langlebigkeit zu verbinden? Nein. Für viele ist dies keine ausreichende Motivation. Vielmehr geht es darum, den Status Quo möglichst lange zu erhalten. Mit der heute schon spürbaren Konsequenz, dass wir von Nationen, die an dieser Stelle Innovationen grundsätzlich aufgeschlossener gegenüberstehen, immer weiter abgehängt werden. Innovationen werden lieber gegeneinander ausgespielt und gemeinsam in den Widerspruch zur Wohlstandssicherung gestellt, statt den Innovatoren den Raum und die Ressourcen zu geben, die nötig wären, um »the next big thing« hervorzubringen. Hier sind uns viele andere Nationen meilenweit voraus.

Unsere, meine Reise zu diesem Punkt ist das, was ich mit dem Kampf für Innovation meine. Er umfasst die gesamte Dauer, von der Idee bis zur Umsetzung, mit allen Widrigkeiten, die damit verbunden sind, bevor alle sagen: »Ich habe es ja immer gesagt, dass Eure Lösung dringend gebraucht wird!« Dieser Kampf ist ein Kampf mit Höhen und Tiefen, ein permanenter Wechsel aus heiß und kalt, immer unvorhersehbar. Ein Kampf, der zwingend erfordert, dass man sich jeden Tag hinterfragt und bei Bedarf neu erfindet – ohne seine Innovation und ihr Potenzial aus dem Blick zu verlieren.

Worum es geht

»Klimawandel« ist ein Synonym für »Bedrohung durch Neues«. Egal, wie kontrovers die Debatten in dem Umfeld Eurer Innovation geführt werden, es gibt einen guten Grund für Eure Idee. Euer hartes Los: Innovatoren erhalten das Lob erst dann, wenn die meisten Risiken aus dem Weg geräumt und die ersten Millionen verdient sind. Doch es kommt vorher darauf an, an die Innovation zu glauben und für sie zu kämpfen. Viele Debatten lassen sich auflösen, wenn man aus dem Gegensatzpaar von Innovation A und

Innovation B ein Mit- und Nebeneinander macht. Wenn man die wechselseitige Ergänzung sucht.

Ein schönes Beispiel aus dem Bereich der Speichertechnologien ist die »Hochzeit der Speichertechnologien«, die Kombination von Wasserstoff und Batterie, statt des Ausspielens der beiden Technologien gegeneinander zugunsten des Erhalts eines mindestens fragwürdigen Status Quo. Der Gegensatz: Wollte man die individuelle Mobilität mit Wasserstoff statt mit Batteriespeichern realisieren, bräuchte man wegen der schlechteren Energieeffizienz des Wasserstoffs gegenüber einer Traktionsbatterie die 2,5-fache Bruttoenergieerzeugung für dieselbe Fahrleistung. Der große Vorteil der Wasserstoffproduktion liegt darin, dass die notwendigen Elektrolyseure jede Energie für die Wasserstoffherstellung einsetzen können. Damit lässt sich nahezu beliebig viel Überschussstrom für die Wasserstoffproduktion nutzen. Die Ergänzung: Ihr Optimum haben Elektrolyseure allerdings in einem Teillastbereich, also nicht bei minimaler und nicht bei maximaler Last. Die Stromproduktion von Windrädern ist so hoch, dass die Speicherung von Überschussenergie allein in Batterien nicht geeignet ist, die maximale Ausbeute zu erzielen. Die Hochzeit: Die Kombination von Windkraft, Wasserstoffproduktion und Batteriespeichern böte die Möglichkeit, die Elektrolyseure mit dem Überschussstrom aus Windkraft länger in ihrem Betriebsoptimum zu fahren und damit mehr Nettostromerzeugung zu ernten als mit der heute üblichen Abschaltung. Die Fortsetzung: Den Wasserstoff könnte man schließlich zur Produktion grünen Stahls einsetzen, mit den Batteriespeichern die Einspeiseleistung glätten. Also raus aus dem Gegensatz, rein in die wechselseitige Ergänzung. Schlicht »mehr Netto vom Brutto« der bereits installierten Erzeugungskapazitäten. Fundamentalpositionen produzieren Fundamentaloppositionen. Fundamentalopposition produziert Stillstand. Stillstand verhindert Fortschritt und gefährdet den Wohlstand. Das ist der Zusammenhang, der durchbrochen werden will.

Was immer Eure Innovation ist, kümmert Euch darum, Brücken zu bauen. Brücken zu anderen Innovatoren. Baut ein Ökosystem aus Partnern und Unterstützern. Das macht aus dem Kampf der Innovationen einen Optionenraum für eine bessere Zukunft. Eine bessere Zukunft durch den Einsatz und die Kombination vieler Innovationen. Dann geht es leichter – und macht obendrein auch mehr Spaß.

How to read

»KLIMAWANDEL UND ANDERE SPALTEREIEN«

› In welchem Kontext findet meine Innovation statt?

› Wo liegen die vermeintlichen Konfliktlinien zum Status Quo und zu anderen Innovationen?

› Wo liegen die Gemeinsamkeiten?

› Wie kann man sich untereinander helfen?

› Wie erzähle ich die Geschichte als Einladung zum Mitmachen?

› Wie werde ich zum Brückenbauer zu anderen Innovationen?

› Was erhält mir die Freude an meiner Innovation?

THINK BIG – THINK BIGGER

Was steckt drin

»Think Big« ist der Appell aller Investoren, wenn es darum geht, den Reiz einer Innovation für Außenstehende zu steigern, die Innovation »lecker« für Investoren zu machen. »Think Big« setzt auf Differenzierung und Wettbewerbsvorteile, Skalierbarkeit und Dominanz. Immer im Gepäck dieses Appells ist auch die Abgrenzung von anderen, um die eigenen Vorteile auf Dauer zu sichern und damit für sich und die Investoren maximal kapitalisieren zu können. Gelernt ist gelernt. Warum dieser Appell in die falsche Richtung führen kann und regelmäßig einen schmalen Grat zwischen Allmachtsfantasien und tatsächlichem Erfolg bildet, warum dieser Appell die eigentliche Innovation verwässern kann und was für eine mächtige Alternative echte Kooperationen bieten, darum geht es in dieser Episode.

Die Episode

Innovation beflügelt die Fantasie. Was wäre alles möglich und erreichbar, wenn nur jeder dieselben Vorteile in einer Innovation erkennen würde, die der Innovator mit seiner Innovation so klar vor Augen hat? Dabei geht es nur in einem ersten, oft flüchtigen Moment um den eigentlichen Kern der Innovation; darum, was die Innovation ausmacht und welche Probleme sie besser oder vielleicht sogar erstmalig löst. Sehr schnell schweifen die Gedanken ab und vor dem geistigen Auge erscheint die enorme Strahlkraft der kaum fassbaren finanziellen Chancen eines weltweiten Markterfolgs. Eine geradezu magische Anziehung entsteht. Die Idee beginnt andere anzustecken.

Wenn man direkt in die Sonne schaut, ist man schnell geblendet. Es bleibt je nach Intensität ein »blinder Fleck« im Sichtfeld zurück, der in der Regel früher oder später wieder verschwindet. Die Strahlkraft des möglichen, unermesslichen Reichtums von Innovationen hat denselben Effekt auf die Tiefenschärfe der Innovation. Sie sorgt für eine Verlagerung des Schwerpunktes auf die persönlichen oder investorenseitigen ökonomischen Vorteile und überlagert dadurch relevante Fragestellungen abseits dieser Strahlkraft, die jedoch nicht minder erfolgskritisch sein können. Besonders davon betroffen sind technologische Innovationen mit einem hohen Grad an Komplexität. Viele Innovationen sind zudem davon betroffen, dass ein spezielles Wissen notwendig für die Umsetzung der Idee ist. »Die Hausaufgaben erledigen« ist das, worauf es jetzt ankommt.

Die Idee von Jeff Bezos war extrem simpel. Er hatte die Idee, einen Online-Buchhandel aufzubauen, über den er auch Kühlschränke verkaufen wollte. Als er diese Idee bei

Bertelsmann, dem damaligen Platzhirsch für Buchclubs in Deutschland, im Vorstand platzierte, wurde er im wahrsten Wortsinne ausgelacht und kurzerhand hinausgeworfen. Thomas Middelhoff, der zu der Zeit bei Bertelsmann und Teilnehmer dieser Sitzung war, hat diesen Vorgang einmal so eingeordnet: Mit dem Wissen von heute wäre jeder Teilnehmer dieser denkwürdigen Vorstandssitzung gerne so gelenkig, dass er sich für diese bornierte Ablehnung dieser Idee jeden Tag selbst in den Allerwertesten beißen könnte.

So simpel die Idee von Jeff Bezos, so hoch war auch sein Risiko, diese Idee mit jemandem zu teilen, der ihm zwar nützlich für die eigene Umsetzung sein könnte, jedoch auch aufgrund einer relativ geringen Barriere die Idee möglicherweise hätte klauen können. Zu diesem Zeitpunkt war die Idee allerdings eine reine Idee. Es gab keinen Nachweis dafür, dass diese Idee überhaupt eine Aussicht auf Erfolg haben könnte. Jeff Bezos war nur einer dieser amerikanischen Geschichtenerzähler, der wohlmöglich auf die schnelle Art reich werden wollte, indem er einen Platzhirsch mit ins Boot nahm.

Die schroffe Absage von Bertelsmann hat Jeff Bezos nicht abgehalten, seine Idee in die Tat umzusetzen. Mit seinem Unternehmen Amazon ist er in kürzester Zeit einer der reichsten Menschen der Welt geworden. Und genau das macht ihn zu einem leuchtenden Vorbild für viele Innovatoren und viele Investoren. Er hat an seiner Innovation festgehalten und sie selbst umgesetzt – gegen alle Widerstände. James Dyson blickt auf eine ähnliche Geschichte zurück. Seine Innovation, ein Staubsauger ohne Beutel, wurde von den Platzhirschen abgelehnt. Deswegen er hat sie selbst umgesetzt – mit bahnbrechendem Erfolg.

Wo ist nun der blinde Fleck bei diesen beiden Beispielen,

wo die Weggabel, an der das Risiko besteht, falsch abzubiegen? Um im Bild zu bleiben: Wenn man die Geschichten von Jeff Bezos, James Dyson und anderen Ausnahmeunternehmern vom Ergebnis her, von ihrer heutigen Strahlkraft aus betrachtet, so wirkt es, als hätten diese Unternehmer das alles auf eigene Faust geschafft, als wären sie allmächtig in ihrem schöpferischen Tun, als hätten sie das alles so vorhergesehen. Es geht dabei verloren, dass diese Geschichten mit der Ablehnung ihrer Zeit konfrontiert waren, die – ohne den unbedingten Willen zur Umsetzung ihrer Innovatoren – das Aus für die Innovation bedeutet hätte. Der erste Impuls zur Umsetzung der Ideen von Jeff Bezos und James Dyson war der vermeintlich leichte Weg über die Platzhirsche ihrer jeweiligen Branche. Und damit hatten sie nicht weniger zu überwinden als die interne Ablehnung der Platzhirsche gegenüber Innovation von außen. Je etablierter eine Branche und je größer die Platzhirsche, desto schallender das Gelächter in die Gesichter der Innovatoren. Elon Musk hat auch kein etablierter Autobauer zugetraut, profitabel in die Serienproduktion von Autos einsteigen zu können. Heute durch diverse asiatische Hersteller wie BYD mehrfach kopiert und im Ergebnis ein schwerwiegender Managementfehler in den Chefetagen der ehemals unangefochtenen Platzhirsche.

Der Blick hinter diese Kulissen lädt dazu ein, die Perspektive zu überprüfen. Schauen wir auf die Strahlkraft von Amazon und des unglaublichen Erfolgs von Jeff Bezos, stellt sich heraus, dass es von Beginn an gar nicht darum ging, die dahinterliegende Innovation »Bücher und Kühlschrank« alleine umzusetzen. Vielmehr bestand von Beginn an das Interesse daran, gemeinsam mit Partnern schneller in die Umsetzung zu kommen und schneller wachsen zu können. Der Trugschluss des blinden Flecks bei der Betrachtung der Strahlkraft von Amazon – und solche Beispiele dienen als Grundlage für den Appell »Think Big« – liegt darin, dass vom Ergebnis kommend der Weg der »Realisierung im Alleingang« als der allein erfolgversprechende Weg erscheint. In der Folge muss man also nur groß genug denken und alles allein umsetzen, dann folgt man der Blaupause zum Erfolg, die Jeff Bezos, James Dyson und andere Innovatoren mit ihren Erfolgen vorgelegt haben. Eine Allmachtsfantasie, an der viele Innovatoren kläglich scheitern.

Auf das Gegenteil kommt es an. Die Hausaufgaben müssen gemacht sein. Dabei hilft es, sich der eigenen Grenzen bewusst zu werden und konsequent nach Kooperationen Ausschau zu halten. Dinge, die man selbst nicht oder noch nicht kann, können andere beisteuern. Dafür ist es aber elementar, sich nicht der eigenen Allmachtsfantasie hinzugeben und die anderen zu reinen Erfüllungsgehilfen zu degradieren. Es kommt darauf an, andere wirksam zur Mitarbeit, Unterstützung und Partnerschaft einzuladen. Das erfordert nicht weniger als die Fähigkeit, Menschen zu verbinden und echte Kooperationen aufbauen zu können. Echte Kooperationen unterscheiden sich von unechten Kooperationen dadurch, dass sie auf den wechselseitigen dauerhaften Vorteil ausgelegt sind. Unechte Kooperationen sind beispielsweise reine Dienstleistungsverträge, für deren Erfüllung ein vorher vereinbarter Preis bezahlt wird. Erwarte ich aber von Partnern, meine Innovation zu unterstützen, vielleicht sogar mit ins Risiko zu gehen, so muss ich ihnen auf der anderen Seite ein »Stück vom Kuchen« anbieten. Das müssen nicht immer Anteile sein. Es geht vielmehr um die Bildung einer »dauerhaften Risiko- und Gewinnverteilungsgemeinschaft«, bei der jeder Partner auf Dauer einen im Vergleich zur Risikoübernahme attraktiven und fairen Anteil am Erfolg erhält. Echte Kooperationen haben dabei den Charme, dass sie investitionskostensenkend wirken können, weil Themen, die der Innovator selbst nicht oder noch nicht leisten kann, von Partnern erbracht werden können, die darin die nötige Erfahrung und die dafür nötigen Ressourcen haben. Kooperationen haben darüber hinaus die Chance, Stärken verschiedener Akteure weitaus wirkungsvoller zu verbinden, als es durch den Aufbau aller Fähigkeiten und Ressourcen im eigenen Beritt je möglich wäre.

»Think Big« kann durch das Risiko der Allmachtsfantasie der Einstieg in das Scheitern der Innovation sein. Echte Kooperationen aufzubauen, um die notwendigen Hausaufgaben zu erledigen, erschließt zusätzliche Ressourcen und erlaubt, größer zu denken, als es die eigene Ressourcensituation erlaubt. »Think Bigger« ist die Leitschnur, an der sich eine Innovation und mit ihr der Innovator von der Idee bis zur Umsetzung orientieren kann, um die eigenen Erfolgschancen zu erhöhen und nicht kläglich an »Think Big« zu scheitern. »Selber machen« ist dann die Ultima Ratio, die letzte Option, für den Fall, dass nicht ausreichend Kooperationspartner zur Verfügung stehen, nicht aber die Blaupause ab Beginn der Reise.

Worum es geht

»Think Big« ist eine Einladung und Aufforderung zugleich, von erfolgreichen Innovatoren zu lernen und deren Strategien für den eigenen Erfolg zu adaptieren, wenn nicht gar zu kopieren. Die Herausforderung besteht darin, dass die Ausrichtung auf Wachstum und Größe den Blick darauf verstellen kann, welche Hausaufgaben dafür in welcher Zeitdauer realistisch zu erledigen sind und welche Risiken mit einer schnellen Skalierung der Innovation verbunden sind. Investoren, die diese Parole ausgeben, verlangen oftmals von den Innovatoren, dass sie sich »ambitionierte Ziele« setzen, klar benennen, welche Ressourcen sie dafür kurzfristig benötigen, um am Ende dieser relativ kurzen Periode – die oftmals nur ein Jahr umfasst – ehrlich oder aufgesetzt enttäuscht festzustellen, dass dieser Plan so nicht funktioniert hat. Das Ergebnis ist der Bedarf für eine weitere Finanzierungsrunde, für die neue Investoren erneut die Parole »Think Big« ausgeben. Die Schleife der »ambitionierten Ziele« beginnt von vorn. In der Finanzwelt heißen diese Schleifen »Runden«. Sie werden nicht nummeriert, sondern alphabetisch sortiert: A-B-C-D-Runden. Dabei wird der Plot von »Think Big« mit jeder Runde größer, der Kuchen durch Verwässerung immer mehr vergrößert, bis der eigentliche Innovator nur noch eine Randnotiz der eigenen Innovation ist. Mit dem Innovator schrumpft dann oft auch die Motivation für den Erfolg. Das Scheitern wird zur Regel. Am Ende zählt oftmals nur noch, ob man mit einem »blauen Auge« davongekommen oder rechtzeitig mit einem ordentlichen Gewinn abgesprungen ist. Die eigentliche Innovation ist bis dahin schon längst irrelevant geworden. Auf die Allmachtsfantasie folgt das Aus und je größer die Allmachtsfantasie, desto größer der Knall am Ende der Geschichte.

Eindrücklich lässt sich dies aktuell im Batterieumfeld beobachten. Viele Innovatoren kündigen vollmundig ihre technologische Überlegenheit und ihre hochtrabenden Pläne an. Doch die wenigsten machen dafür ihre Hausaufgaben. Zu sehr lockt das große Geld, zu groß erscheint der Zeitdruck. Diese Geschichten waren seit einigen Jahren eine wahre Goldgrube für Investoren. Die Geschichten wurden immer größer, die Ankündigungen immer gigantischer. Sogar bis weit über den Punkt der Realität und Sinnhaftigkeit hinaus. Dafür wurden immer wieder wesentliche »Details« weggelassen, die es dem Laien ermöglicht hätten, die Mogelpackung zu durchschauen.

Eines meiner absoluten Lowlights hat beispielsweise Toyota geliefert: »1.200 km Reichweite in 10 Minuten geladen« war eine dieser vollkommen überzogenen Ankündigungen, die wie ein Tsunami durch die Presse geisterten. Überprüfung durch unsere kritischen Journalisten? Fehlanzeige. Ergänzt man das fehlende »Detail« des Verbrauchs beispielsweise mit 15 kWh/100km, so ergibt der einfache Dreisatz eine Lademenge von 180 kWh für 1.200 km Reichweite, die in 10 Minuten nur durch eine Ladeleistung von 1.080 kW übertragen werden kann. Technische und Wärmeverluste sind dabei noch gar nicht berücksichtigt. Die maximale Ladegeschwindigkeit von 350 kW an Schnellladesäulen würde also den Einsatz von drei Ladekabeln parallel erfordern, wobei dann immer noch 30 kW Ladeleistung fehlen würden. Über die erforderliche Batteriegröße von mindestens 180 kWh – auch hier ohne jeden realistischen Zuschlag aufgrund der verwendeten Chemie und ihrer Wirkungsgrade und Restriktionen – im Vergleich zu den heute üblichen durchschnittlichen 75 kWh haben wir dann noch gar nicht gesprochen. Was für ein Mist!

Die Erfolgsgeschichte von Northvolt, denen ich persönlich jeden Erfolg gegönnt habe, endete mit einer Pleite, für die das Land Schleswig-Holstein und der Bund aufgrund einer Bürgschaft in Höhe von 600 Mio. € in Anspruch genommen werden können. Den Gewinn haben Investoren der früheren Runden eingestrichen, die erheblichen Risiken der Allmachtsfantasie trägt zu einem schmerzhaften Teil der Steuerzahler.

Diese Beispiele für »Think Big« stellen für Innovatoren, die zunächst ihre Hausaufgaben machen, eine enorme Eintrittsbarriere in zweierlei Hinsicht dar: Einerseits wird seitens möglicher Investoren gefordert, es wie Northvolt oder Freyr zu machen. Andererseits wird das Scheitern dieser Modelle als Begründung dafür genommen, das nächste Mal erst nach dem erfolgreichen Markteintritt einzusteigen. Die Risiken seien ja erfahrungsgemäß viel zu groß.

In diesem Umfeld dennoch überleben zu können, erfordert echte Kooperationen und Unterstützer, die dabei helfen, systematisch die Hausaufgaben in einem Umfang und einer Geschwindigkeit zu erledigen, die die jeweilige Ressourcenausstattung hergibt. Allmachtsfantasien sind hier absolut fehl am Platze. »Think Bigger« durch Kooperationen dagegen essenziell, sogar überlebensnotwendig.

How to read

»THINK BIG – THINK BIGGER«

> Wo stehe ich aktuell mit meiner Innovation?

> Welche Hausaufgaben muss ich noch erledigen –
> ganz losgelöst von der möglichen Skalierung?

> Welche Fähigkeiten habe ich für die Zielerreichung?

> Welche Fähigkeiten fehlen mir?

> Was kann ich echten Kooperationspartnern anbieten,
> um mit ihnen eine stabile Risiko- und Gewinn-
> verteilungsgemeinschaft etablieren zu können?

> Woran kann ich erkennen, dass ich dabei bin,
> in die Falle der Allmachtsfantasie aus »Think Big«
> zu treten?

> »Think Bigger«: Wieviel mehr kann ich erreichen,
> wenn ich in echten Kooperationen denke?

JEDEM ANFANG WOHNT EIN ZAUBER INNE

Was steckt drin

Die Idee zur Innovation, die ersten Schritte auf dem Weg dorthin, die Ausgestaltung, die Firmengründung, die ersten Gefährten – all das besitzt eine ganz eigene Magie. Es gibt keine Grenzen, es gibt nur die grenzenlose Freiheit für die Gedanken, die Weite der eigenen Vorstellungskraft. Alles ist positiv. Alles auf das Gelingen ausgerichtet. Gedanken an ein Scheitern wollen nicht aufkommen. Und wenn doch, werden sie durch die Euphorie des Anfangs im positivsten Sinne erstickt. Und das ist gut so. Andererseits spricht die Statistik gegen dieses Glück. Zu viele Innovationen scheitern und der Weg wird relativ schnell unerwartet hart und steinig. Umso wichtiger ist es, gerade zu Beginn einen Blick über den Tellerrand des Anfangs zu werfen und sich – so paradox es klingt – in positivster Stimmung ein paar Gedanken über das mögliche Scheitern zu machen. Darum geht es in dieser Episode.

Die Episode

Es gibt einen weit verbreiteten Mythos: Alle sind gleich. Vor dem Gesetz und vor Gott ist das auch so. Für die Firmengründung und den Beginn der Innovation und insbesondere ihren Verlauf stimmt das nicht. Bei aller Freude und Einigkeit bei der Gründung fehlt grundsätzlich ein wichtiger Spieler in der Runde: Die Zukunft.

Ich kenne kein Gründungsvorhaben, das mit der Gründung bereits eine für den gesamten Weg ausreichende Finanzierung erhalten hätte. Das bedeutet nicht, dass es nicht doch glückliche Vorhaben gibt, die in den Genuss einer vollständigen und ausreichenden Finanzierung des Gesamtvorhabens gekommen wären. Dieser Aspekt von Innovation hat eine besondere Tragweite für die Gründung. In der Regel sitzen die »zukunftsbesoffenen« Gründer – und das ist ausschließlich positiv gemeint – beim Notar und teilen die Firma wie selbstverständlich zu gleichen Teilen untereinander auf. Nur die Zukunft geht leer aus. Alle Probleme werden auf sie verschoben, Komplexität hat in diesem Moment nichts verloren. Im Gegenteil: Teilte man nicht zu gleichen Teilen untereinander auf, gäbe es ja ein Ungleichgewicht zwischen den Gründern. Der Gegenentwurf für die Gleichheit und den damit verbundenen Frieden. Die Verteilung der Anteile wird so zu einem Wertschätzungsproblem stilisiert, obwohl es gute Gründe gibt, die Verteilung anders zu lösen.

Unterstellt, dass durch die Gründer nicht ausreichende Mittel für den Weg bis zur Umsetzung zur Verfügung gestellt werden können, taucht früher oder später die Frage auf, woher frisches Kapital kommen soll. Dann gibt es zwei grundsätzliche Strategien: Einerseits kann der Kuchen vergrößert werden, um neuen Gesellschaftern einen frischen Teil vom Kuchen geben zu können. Das nennt man auch Verwässerung. Andererseits kann einer oder können mehrere der Gründer Teile ihrer Anteile abgeben, um damit die Firma zu finanzieren. Und genau darin liegt das Risiko. Anteile, die man einmal hat, gibt man äußerst ungerne wieder her. Egal, wie selbstverständlich es für einen im Gründungsmoment ist. Dann kommt es auf die Verteilung der Stimmanteile an, ob und in welcher Form das Gründerteam die Herausforderung der anstehenden Finanzierung lösen kann. Jede Hereingabe von Anteilen, jede Verwässerung schmerzt, als würde einem etwas weggenommen. In diesem Moment treten Verlustängste und Egoismen zutage, die in der Euphorie des Anfangs undenkbar waren und auch vollkommen authentisch nicht vorhanden sind. Die Zukunft auszusperren, ist daher ein bedeutendes Umsetzungsrisiko, das man der Innovation gleich zu Beginn mit in die Wiege legt.

Wir haben für die Umsetzung unserer Innovation einen anderen Weg gewählt. Einen Weg, der auf einem klaren Prinzip basierte, das bis heute trägt: Ohne die Innovationsleistung unseres Erfinders hätten wir alle nicht die Chance, Teil dieser Innovation zu sein. Vielleicht ist es auch dem Eindruck einer feindlichen Übernahme geschuldet, durch die unser Erfinder gehen musste, die mit allen nur erdenklichen Existenzängsten verbunden war. Jedenfalls stand für uns unumstößlich fest, dass er mit deutlichem Abstand Mehrheitsgesellschafter sein sollte – im Gründungszeitpunkt aber auch entlang des weiteren Weges. Gleichzeitig haben wir gemeinsam festgelegt, dass jede Welle der Finanzierung so lange wie möglich durch eine schrittweise Hereingabe von Anteilen unseres Erfinders in den Eigenbestand der Gesellschaft finanziert werden sollte. Für die Mitgründer und alle weiteren Gesellschafter hat diese Regelung den überaus positiven Effekt, dass es zu keiner Verwässerung ihrer Anteile kommt. Umgekehrt kann sich unser Erfinder darauf verlassen, dass es nicht mehr zu einer feindlichen Übernahme kommen kann, denn dafür braucht es im Ergebnis immer einen Mehrheitsbeschluss, den er aufgrund der gesicherten absoluten Mehrheit selbst verhindern kann.

Natürlich hat auch dieses Modell nicht dazu geführt, dass alle Mitgründer der frühen Phase diese Idee von Beginn an geteilt haben. Auch war unser Modell nicht gänzlich frei von jedweden Verteilungsdiskussionen. Dennoch haben wir durch dieses Modell seit Jahren einen klaren Fokus auf die Umsetzung, weil hierbei keiner das Risiko eingehen muss, etwas zu verlieren: Der Erfinder nicht die Firma durch eine feindliche Übernahme, die Mitgesellschafter nicht ihre Anteile an der Firma.

Im Zuge der weiteren Unternehmensentwicklung haben wir festgestellt, dass die Aufnahme neuer Gesellschafter in eine deutsche GmbH aufgrund des Notarerfordernisses mindestens kostspielig ist. Darüber hinaus ist die kleinste Stückelung der Anteile auf einen Euro beschränkt. Bei einem Stammkapital von 25.000 € hat man also maximal 25.000 Anteile, es sei denn, man erhöht systematisch das haftende Eigenkapital, was wiederum einer Verwässerung entspricht, die wir nicht wollten. Wir hatten das Glück, dass einer unserer Gründungsgesellschafter eine Schweizer AG hatte, die er in unsere Firma einbringen konnte. Hier muss das haftende Eigenkapital mindestens 100.000 CHF betragen, die Stückelung der Anteile ist allerdings bis auf 0,01 CHF möglich. Das entspricht einer Menge von 10 Mio. Stück Aktien statt 25.000 Stück GmbH Anteilen. Durch einen anteilsgleichen Reverse Merger haben wir die Schweizer AG zur 100%igen Mutter der deutschen GmbH gemacht. Die AG haben wir als reine Holding aufgestellt, die deutsche GmbH bündelt unverändert das operative Geschäft. Dadurch haben wir die Möglichkeit hinzugewonnen, viele Unterstützer zu Aktionären zu machen. Inzwischen über 300. Und das Ganze ohne jede Verwässerung zu einem nach Fortschritt steigenden Kurs pro Aktie. Dadurch, dass wir immer aus dem Eigenbestand der AG verkaufen, fließt die Investition der neuen Aktionäre jeweils direkt in die Gesellschaft. Eine Konstruktion, die für alle Beteiligten vorteilhaft ist. Darauf bin ich wirklich stolz.

Worum es geht

Bei aller Euphorie der Gründung geht es darum, den wichtigsten Spieler am Tisch nicht systematisch auszugrenzen: Die Zukunft. Es lohnt sich, dass Ihr Euch über Eure Ziele, Wünsche, Träume, Ängste und Risiken bewusstwerdet und mit Euren Mitgründern transparent unterhaltet. Es ist wichtig, den Gedanken zuzulassen, dass es in der Zukunft sehr wahrscheinlich eine weitere Finanzierungsnotwendigkeit geben wird. Diese vorauszudenken, ohne bei ihrer Umsetzung an den individuellen und tiefsitzenden Ängsten und Risiken zu scheitern, lohnt sich für alle Beteiligten. Dafür gibt es keine Blaupause. Es geht um Eure Innovation. Sie hat ihren eigenen Fingerabdruck, ihren eigenen Charakter, ihre eigene Seele. Es geht darum, die Zukunft an den Tisch der Gründung einzuladen und ihr und ihrer Gestaltung einen gebührenden Raum zu geben. Das sorgt für Sicherheit, Stabilität und den notwendigen Fokus auf dem Weg zur Umsetzung.

How to read

»JEDEM ANFANG WOHNT EIN ZAUBER INNE«

› Was ist der besondere Zauber meiner Innovation?

› Wen möchte ich in meinem Gründerteam haben und warum?

› Kenne ich meine Ziele, Wünsche, Träume, Ängste und Risiken – und die meiner Mitgründer und Gefährten?

› Habe ich einen Stuhl für die Zukunft im Kreis der Gründer reserviert? Falls nein, wie holen wir das gemeinsam nach?

› Wie feiern wir die Gründung und wie die gemeinsamen Erfolge?

› Wie stützen wir uns gegenseitig, wenn es Stress gibt, und welche Regeln sollen gelten, wenn wir uns auseinanderleben?

› Was ist unser Rezept für eine zufriedene »Innovations-WG«?

MIT SCHWIMMFLÜGELN AUF HOHER SEE

Was steckt drin

Stress ist eine unvermeidliche Zutat einer jeden Innovation. Nicht alles läuft nach Plan, nicht alles klappt. Im Gegenteil: Früher oder später knirscht es im Gebälk, es gibt Streitereien, es kommt zum Knall. Und im schlimmsten Fall steht auf einmal die Existenz der Firma und damit das Überleben der Innovation auf dem Spiel. Das ist der Moment, an dem es auf die eigene DNA ankommt. Auf die eigene innere Haltung – zu Stress, zum Scheitern, zum Tod der eigenen Innovation. Zur eigenen Haltung gegenüber dem Umfeld. Es ist der Moment, an dem aufgrund der unterschiedlichen Stresstoleranz zu unterschiedlichen Zeitpunkten man selbst, die Mitgründer und die Gefährten zu ertrinken drohen. Es ist der Moment, der über die Zukunft ebenso entscheidet wie die Gründung. Die innere Haltung macht den Unterschied. Darum geht es in dieser Episode.

Die Episode

Es ist schwer zu vermitteln, wie es sich anfühlt, wenn die eigene Innovation vor dem Aus steht. Wenn sie zu sterben droht. Es ist ebenso schwer, sich vorzustellen, wie es ist, wenn man tatsächlich ertrinkt. Dennoch erscheint mir die Analogie zwischen beiden Extremsituationen geeignet, um zu beschreiben, worauf es ankommt, nämlich die innere Haltung in einer Form auf die Probe zu stellen, die man nur im Vergleich mit einer Extremsituation erreichen kann.

Meine Vorstellung dafür ist, dass ich seit einer so langen Zeit ohne Schutz und Hilfe und nur unterstützt durch zwei Schwimmflügel an den Armen auf hoher See treibe, dass die Weichmacher in meinen Schwimmflügeln von der Sonne schon zerstört sind. Die Schwimmflügel versagen ihren Dienst und mir wird bewusst, dass ich maximal noch die Kraft für eine halbe Stunde habe, bevor ich ertrinken würde. Doch dann taucht plötzlich ein Schlauchboot auf. Neu, strahlend. Gesteuert von einem Skipper, der mir anbietet, mich zu retten. Doch bevor mir die Freude und Dankbarkeit über die Rettung den Atem verschlagen kann, mich das Schwimmen für einen kurzen Moment vergessen lassen kann, präsentiert mir der Skipper die Bedingungen, zu denen er mich retten will. Und in dem Moment realisiere ich, dass ich an Land – also in Sicherheit – diese Bedingungen niemals akzeptiert hätte. Doch jetzt bin ich in einer anderen Situation: Ich habe nur noch die Kraft für eine halbe Stunde. Der Tod durch Ertrinken ist zum Greifen nah. Wie würdet Ihr entscheiden? Würdet Ihr die Bedingungen akzeptieren und Euch retten lassen?

Bevor ich Euch meine Antwort auf diese Frage gebe, möchte ich Euch meine Übertragung auf die Unternehmenssituation an die Hand geben. Es gibt den Moment auf dem Weg einer Innovation in die Umsetzung, an dem die finanziellen Mittel ausgehen. Das ist der Moment, an dem es für das Unternehmen um Leben und Tod geht. Natürlich gibt es unterschiedliche Optionen für die Fortführung einer Innovation – auch nach dem Tod einer Firma. Mir geht es aber um einen anderen, einen entscheidenden Punkt. Wir nennen unseren Skipper einmal Herrn Meyer. Das ist ein Synonym für ganz viele Menschen, weil der Name sehr häufig vorkommt. Und darauf kommt es an. Herr Meyer tritt also zu einem Zeitpunkt auf den Plan, an dem es kritisch um das Unternehmen steht. Er spürt das und bietet eine Investition an, die eine echte finanzielle Entspannung bietet. Allerdings präsentiert er ein Angebot, bei dem von Beginn an feststeht, dass er sich derartige Sonderrechte einräumen lassen möchte, dass auf dieser Basis geradezu ausgeschlossen ist, dass weitere Investoren einsteigen werden. Es ist genau die Pattsituation, auf die man sich nicht vorbereiten kann – weder sich selbst noch die anderen noch sich gegenseitig. Es ist die Situation, in der man sich digital für den drohenden schnellen Tod oder den sicheren schleichenden Tod entscheiden muss. Das ist der Moment, bei dem es auf die innere Haltung ankommt.

Zurück zu meiner Entscheidungssituation auf hoher See: In meiner Vorstellung beiße ich dem Skipper in sein tolles Schlauchboot, stoße mich mit letzter Kraft ab und gehe lachend unter. Warum? Ich weiß, dass ich irgendwann sterben muss. Ich weiß aber auch, dass dieser Skipper mein Lachen in seinem ganzen Leben nicht mehr vergessen wird. Ich treffe diese Entscheidung in dem vollen Bewusstsein, dass ich sterben werde. Ich treffe diese Entscheidung aber auch in dem vollen Bewusstsein, dass ich an Land –

also in sicherer Umgebung – diese Bedingungen niemals akzeptiert hätte. Deshalb sage ich zu Herrn Meyer in aller gebotenen Aufrichtigkeit: »Bitte verpissen Sie sich!«

Die Ratio hinter dieser Entscheidung ist sehr simpel, wenngleich die Konsequenz dieser Entscheidung alles andere als simpel ist: In dem Moment, wo ich die Bedingungen der Rettung akzeptieren würde, befände ich mich unmittelbar in Sicherheit. Und in demselben Moment würde ich die Entscheidung zutiefst bereuen, weil mir in der aufkeimenden Ruhe der Sicherheit bewusst werden würde, dass ich damit den sicheren Tod auf Raten gewählt habe. Diese Entscheidung ist im unternehmerischen Kontext nicht mehr zurückzudrehen.

Konkret geht es um Vorzugsaktien, Sonderstimmrechte, Entscheidungsbefugnisse, Vetorechte, Liquidationspräferenzen und vieles mehr, was in der Regel die Handschrift einer einseitigen Übervorteilung des Innovators zur Konsequenz hat. Eine Übervorteilung, die kein anderer Investor akzeptieren, jedoch möglicherweise ebenso für sich verlangen würde. Das sind Verhandlungspositionen »an Land«, vollkommen losgelöst von der existentiellen Bedrohung kaputter Schwimmflügel auf hoher See. Das sind Verhandlungspositionen, die verdeutlichen, dass es den Herrn Meyers schlichtweg egal ist, ob Ihr diese Bedingungen akzeptiert, oder ein anderer verzweifelter Innovator darauf einsteigt. Diesen Herrn Meyers geht es gar nicht um die Innovation. Es geht um das Spiel mit der Existenzangst des Innovators und den Kick aus der erfolgreichen Verhandlung der unverschämtestmöglichen Forderung. Den Spaß an der Auslotung der äußeren Grenzen der Leidensfähigkeit des Innovators. Herr Meyer stärkt Euch und Eure Innovation nicht, er schwächt Euch und versucht sich eine besonders gute Position für den Fall Eures Scheiterns zu verschaffen. Auf dem Weg dahin wird Herr Meyer weitere Forderungen stellen, die Ihr wieder akzeptieren würdet, weil Ihr ja schon die erste Entscheidung getroffen habt. Das ist unfair und unaufrichtig. Es gehört sich ebenso wenig wie eine Geiselnahme oder eine Erpressung – und findet dennoch nur allzu oft statt.

Worum es geht

Ihr habt Euer Schicksal zu jedem Zeitpunkt selbst in der Hand. Es gibt keine einzige Bedrohung für Eure Innovation, die Euch dazu zwingen könnte, Bedingungen zu akzeptieren, die bei vernünftiger Betrachtung nicht nur unsinnig, sondern sogar gefährlich für Eure Innovation sein werden.

Die einzige Methode, mit der Ihr herausbekommen könnt, ob der Skipper es gut mit Euch meint, ist »maximale Transparenz«. Transparenz ist ein mächtiges Instrument: Sie ist das tragende Fundament für alle, die es ernst meinen, und ein scharfes Schwert gegen alle, die etwas zu verbergen haben. Schildert ihm ganz offen und in aller Klarheit, wieso die Bedingungen, die er von Euch verlangt, für Euch untragbar sind. Erklärt dies neutral und auf das Zielbild Eurer Innovation bezogen. Bietet ihm – sofern möglich – Alternativen an, die für Euch auch langfristig umsetzbar sind und die sich gut anfühlen. Je mehr er auf seinen Positionen beharrt, von denen Ihr ihm klar gemacht habt, dass und warum sie nachteilig für Euch und die Umsetzung Eurer Innovation und daher inakzeptabel für Euch sind, desto klarer wird, dass der Skipper ein Herr Meyer ist. Dann schützt Euch und Eure Innovation durch Konsequenz und Haltung – und schickt Herrn Meyer zum Teufel.

How to read

»MIT SCHWIMMFLÜGELN AUF HOHER SEE«

› Welche Werte und Überzeugungen treiben mich an?

› Was ist für mich im Umgang unumstößlich?

› Bin ich bereit, zum Äußersten zu gehen?

› Bin ich bereit, zu akzeptieren, dass der Weg meiner Innovation auch scheitern kann, dann aber nicht unter völliger Selbstverachtung?

› Warum sollte ich Bedingungen akzeptieren, die ich unter normalen Umständen niemals akzeptieren würde – was würde dadurch besser, was schlechter?

› Wer sind meine Herren Meyer? Wo habe ich sie getroffen und was habe ich aus der Begegnung gelernt?

› Was gewinne ich, wenn ich Herrn Meyer den Laufpass gebe?

»MIT SCHWIMMFLÜGELN AUF HOHER SEE«

PACTA SUNT SERVANDA

Was steckt drin

Würden mich Paragrafen interessieren, hätte ich Jura studiert. Das ist eine verbreitete Meinung unter Nicht-Juristen. Und damit auch eine weit verbreitete Meinung unter Gründern und Innovatoren. Frei übersetzt heißt »pacta sunt servanda«, dass Verträge einzuhalten sind. Ein elementarer Grundsatz, den wir von den Römern übernommen haben. Die Herausforderung besteht darin, dass der Vertrag am Beginn einer Zusammenarbeit steht, der Rechtsstreit jedoch erst am Ende. Das regelmäßige zeitliche Auseinanderfallen von Vertragsschluss und Rechtsstreit vernebelt vielen Innovatoren den Blick für die enorme Relevanz guter Verträge. Was gute Verträge sind und warum nicht nur das Kleingedruckte wichtig ist, darum geht es in dieser Episode.

Die Episode

Am Beginn einer Zusammenarbeit steht die Synergie im Vordergrund. Die Vertragsparteien stellen fest, dass sie gemeinsam etwas bewirken können, was jeder von Ihnen allein nicht bewerkstelligen könnte. Die Stimmung ist positiv, man freut sich auf die Zusammenarbeit. Dass man sich streiten könnte, ist bei der Kongruenz der Ziele und Visionen nicht abzusehen. Es stört regelrecht bei den Diskussionen.

Viele von uns sind mit Vertragstexten und Juristendeutsch überfordert. Die Sprache ist oft sperrig, die Regelungen zu kleinteilig. Die Zusammenhänge schwer zu erkennen. Lieber konzentrieren wir uns auf die »große Linie«. Denn die muss schließlich stimmen, wenn man gemeinsam zum Ziel kommen möchte.

Die Konzentration auf die »große Linie« kann in der Tat lange gutgehen. Sie endet jedoch abrupt in dem Moment, wenn eine der Vertragsparteien denkt, von einer anderen Vertragspartei übervorteilt worden zu sein. Dann steht zunächst ein Vorwurf im Raum. Der Vorwurf, die andere Partei habe sich nicht an die Absprachen gehalten. Doch an welche Absprachen hätte sich die Partei denn halten sollen? Wenn es darauf ankommt, zählen nur die vertraglichen Absprachen. Also genau das, was in Verträgen begründet ist – ob schriftlich oder mündlich. Bei Vertragstexten kommt es dann schlagartig auf jedes Wort, jede Formulierung, jede Ausnahme, jede Einschränkung, jede Pflicht und jedes Recht an. Auf jedes kleine Detail. Auf die inneren Zusammenhänge. Jetzt wird einem schlagartig klar, auf was man sich da eigentlich eingelassen hat. Nicht selten folgt dann der Schlag auf die eigene Stirn, wie das eigentlich hatte passieren können. Man war sich doch absolut einig? Wie konnte das bloß alles so schief gehen. Warum wird jetzt so auf dem Detail rumgeritten, obwohl es doch eigentlich immer nur um die »große Linie« ging. Richtig: So etwas darf nicht passieren.

Nachträglich lassen sich Verträge nur ändern, wenn beide Parteien zustimmen. Einen Fehler zu beheben, eine Schieflage zu korrigieren, gelingt also nur, solange man entweder noch in der Vertragsverhandlung steckt oder man sich noch gut versteht, die »große Linie« noch teilt. In jedem Fall vor dem ersten Aufkeimen eines Konflikts. Je früher diese Kurskorrektur erfolgt, desto leichter ist sie. Doch umso weniger ist der Konflikt absehbar. Umso weniger relevant erscheint das lästige Detail in einem spröden Text. Viel einfacher ist der Abgleich der Gemeinsamkeiten, der »großen Linie«. Wie also diesen Spagat überwinden? Was ist das passende Rezept? Und wie soll das auch noch Freude machen?

Das geht nur mit der richtigen Motivation: Ja, Verträge werden unterschrieben, weil der Papierkram irgendwie dazugehört, und verschwinden hoffentlich für immer in der Schublade. Das darf auch gerne genau so bleiben. Allerdings ist es sehr viel leichter, die Büchse der Pandora im Streitfall zu öffnen und eben diese Verträge wieder auf den Tisch zu legen, wenn man vorher weiß, was man da genau in die Schublade geschoben hat. Und dass das, was man da in die Schublade geschoben hat, auch im Streitfall immer noch fair und in Ordnung ist. Denn ausschließlich darauf kommt es an. Ein Vertrag ist vollkommen überflüssig, wenn es so läuft, wie alle Parteien sich dies wünschen. Ein Vertrag entfaltet immer nur dann seine bisweilen erdrückende Relevanz, wenn der gemeinsame Weg holprig wird, sich die Wege trennen oder bereits getrennt haben. Jetzt wird die schmutzige Wäsche gewaschen. Und ein schlechter Vertrag ist schmutzige Wäsche. Verträge sind dann gut, wenn man die Regeln der Zusammenarbeit in der besten Stimmung des Beginns engagiert und detailliert auch für den Fall regelt, wenn die Zusammenarbeit, gleich aus welchem Grund, endet.

Die gute Botschaft für alle Nicht-Juristen: Ein Vertrag ist umso besser, je klarer und verständlicher er geschrieben ist. Immerhin ist ein Vertrag eine übereinstimmende Willenserklärung der Vertragsparteien. Wie aber soll eine Willenserklärung passen, die ich selbst nicht verstehe? Einen Vertrag zu unterschreiben, den ich nicht verstehe oder dessen Konsequenzen ich nicht begreife, gereicht nicht als taugliches Abbild meines Willens. Denn ich behaupte, dass wir alle durchaus wissen, was wir wollen. Nur vor dem Juristendeutsch bekommen wir Angst. Diese Angst ist unbegründet. Wenn Euch die juristische Sprache nicht liegt, dann fragt bitte Euren Anwalt. Fragt ihn, was die Klausel, der Satz, das Wort, schlicht alles bedeutet, was Ihr nicht versteht. Fragt aber bitte auch, ob das, was Ihr glaubt, verstanden zu haben, bei einer gerichtlichen Auseinandersetzung auch so ausgelegt wird.

Ein Beispiel aus unserer Welt des Lizenzgeschäfts illustriert die Bedeutung dieser Fragen: Als Technologieentwickler und Lizenzgeber haben wir ein hohes Interesse daran, im Rahmen der Lizenzvertragsverhandlungen nur die Dinge preisgeben zu müssen, die für den Vertragsschluss erheblich sind. Technologiegeheimnisse gehören nicht auf den Tisch, solange der Interessent sich nicht vertraglich zur Ausübung der Lizenz verpflichtet und dies beispielsweise durch eine entsprechende Zahlung untermauert. Insbesondere bei komplexeren Innovationen gibt es oft ein Gefälle zwischen dem Innovator und dem Interessenten. Dabei versucht der Interessent dem Innovator regelmäßig deutlich zu machen, dass ohne eine umfangreiche Due Diligence –

eine Inaugenscheinnahme des Status Quo – eine Beurteilung der Innovation nicht möglich und ein Vertragsabschluss nicht umsetzbar sei. Der Bewahrung von Geschäftsgeheimnissen wird die Aussicht auf eine lukrative Vereinbarung gegenübergestellt.

Unabhängig von diesem Gefälle bedeutet jede Due Diligence Aufwand – auch auf der Seite des Innovators. Und dort staut sich der Aufwand regelrecht, denn viele Interessenten machen bei einem Innovator diese Due Diligence. Dabei hat jeder Interessent eine eigene Agenda, eine eigene Idee, eigene Fragen – schlicht eine eigene Sicht auf alle Dinge, die Euch und Eure Innovation betreffen. Doch bei all dem Aufwand je Interessent dauert es in der Regel immer länger als erwartet. So steigt im Laufe der Zeit das Bedürfnis, sich diesen Aufwand durch die Interessenten kompensieren zu lassen. Zumindest bei uns ist das so. Ein sehr eingängiges und zudem bekanntes Konzept dazu ist die sogenannte »Break-up Fee«, eine Zahlung, die fällig wird, wenn die Vertragsverhandlungen abgebrochen werden. Sie soll den Aufwand kompensieren, den der Innovator mit der Begleitung der Due Diligence hat, und gleichzeitig das Interesse des Interessenten untermauern. Schließlich unterschreibt niemand eine Strafzahlung, wenn er nicht ernsthaft interessiert ist.

Und genau da steckt der Teufel im Detail: Wenn es um große Verträge geht, geht es um hohe Beträge. Eine »Break-up Fee« entfaltet dann eine Wirkung, wenn sie in einem angemessenen Verhältnis zum Vertragswert steht, also insbesondere nicht zu niedrig gewählt wird. 10 % erscheinen dabei intuitiv als nicht zu hoch angesetzt. In unserem Lizenzgeschäftsmodell geht es schnell um signifikante Beträge, weil wir mit der Produktion skalieren. Dementsprechend erschien uns die Untergrenze von 500.000 € als durchaus angemessen, wenn auch noch deutlich entfernt von den 10 % des Vertragswertes. Obwohl wir die Verträge entsprechend strukturiert und jedes Detail verstanden hatten und mit den Konsequenzen im Streitfall einverstanden, also bereit für die Unterzeichnung einer übereinstimmenden Willenserklärung waren, überraschte uns ein maßgeblicher Hinweis unseres Anwalts: Für den Fall des Scheiterns der Verhandlungen – also genau in dem Fall, für den die »Break-up Fee« gedacht ist – entfällt der Bezug für die Bemessung einer angemessenen Höhe. Denn genau dann entfällt der in Aussicht gestellte, deutlich höher dotierte Lizenzvertrag. Es geht nur noch darum, was die erhaltene Leistung wert ist. Also konkret: Was die Inaugenscheinnahme für den Interessenten wert ist. Käme es zu einer gerichtlichen Auseinandersetzung über die Zahlung der »Break-up Fee«, und das ist beim Scheitern der Verhandlungen in Anbetracht der Höhe der »Break-up Fee« durchaus nicht unwahrscheinlich, so wäre diese Höhe aufgrund der fehlenden Verhältnismäßigkeit zur erhaltenen Leistung nicht durchsetzbar. Der angestrebte Zweck wäre mit dieser Vereinbarung also nicht zu erfüllen. Im Gegenteil: Aufgrund der fehlenden vertraglichen Durchsetzbarkeit verliert die Unterzeichnung durch den Interessenten die Beweiskraft der Aufrichtigkeit des Interesses, weil dieses Wissen auch beim Interessenten vorausgesetzt werden kann. Die »Break-up Fee« ist somit ein Instrument, von dem man immer wieder hört, das für unser Geschäftsmodell jedoch gänzlich untauglich ist.

Wir haben deshalb eine andere Lösung gefunden: Wir haben einen Datenraum eingerichtet, in dem wir in strukturierter Form diejenigen Unterlagen abgelegt haben, die wir für die Due Diligence durch einen Interessenten auf

Basis einer Rahmenvereinbarung bereitstellen möchten. Alle Fragen, die durch die Daten im Datenraum nicht beantwortet werden, können an uns gerichtet werden. Deren Beantwortung ist allerdings kostenpflichtig. Und zwar entsprechend der Abrechnung von Beratertagen für jeden angefangenen Tag. Sendet der Interessent jeden Tag eine Frage, kostet jede Frage einen Beratertag. Fordert ein Interessent umfangreiches Testmaterial, so kann uns der Interessent um ein entsprechendes kostenpflichtiges Angebot bitten. Sofern wir dieses Angebot geben möchten, erhalten wir auch für diese Leistung eine angemessene Kompensation. Für uns erfüllt diese Auslegung in mehrfacher Hinsicht ihren Zweck: Wir haben den Aufwand einer Due Diligence durch Standardisierung für uns erheblich reduziert, wir haben dem zusätzlichen Aufwand aus Rückfragen durch einen Beratertagessatz für jeden angefangenen Tag ein Preisschild angehängt und wir haben der Forderung weiterer technischer Belege und Beweise den Auftragsvorbehalt als kostenpflichtigen Riegel vorgeschoben. Auf der Verhandlungsseite haben wir dadurch die Schwere einer »Break-up Fee« verloren und können uns gemeinsam auf der Basis klarer Strukturen auf den gemeinsamen Erfolg fokussieren.

Worum es geht

Verträge sind Chefsache. Ob Euch das passt oder nicht. Ihr haftet für Euer Unternehmen, dann solltet Ihr auch wissen, welche vertraglichen Pflichten Ihr für Euer Unternehmen eingegangen seid und welche vertraglichen Rechte Eurem Unternehmen daraus zustehen. Dafür gibt es keine Ausreden.

Jeder einzelne Vertrag verdient unsere volle Aufmerksamkeit. Das ist ebenso wichtig wie unsere Innovation selbst. Die Qualität von Verträgen entscheidet sich erst im Streitfall – also genau dann, wenn es eigentlich schon zu spät ist. Habt Ihr Eure Hausaufgaben zu Beginn nicht gemacht, zahlt Ihr unter Umständen im Streitfall einen hohen, vielleicht sogar einen viel zu hohen Preis. Die Tatsache, dass wir unseren HPB Feststoffakku nach einer feindlichen Übernahme des Lebenswerks unseres Erfinders überhaupt entdecken konnten, liegt daran, dass das lebenslange Forschungsverbot, auf das sich unser Erfinder vertraglich hatte verpflichten müssen, im Konkursfall erloschen ist. Und diesen Weg hat die Gruppe, die die feindliche Übernahme betrieben hat, gewählt. Die feindliche Übernahme war unvermeidlich, die Rückgewinnung der wissenschaftlichen Freiheit dagegen das Ergebnis klarer Regeln, die zu Beginn gesetzt worden waren.

Jeder Vertrag birgt somit das Risiko, im Streitfall Verpflichtungen gegen sich gelten lassen zu müssen, die in diesem Moment im Wortsinne unerträglich sind. Macht Euch also bei jedem Vertrag die Mühe, ihn im Detail zu lesen, ihn im Detail zu verstehen, die Konsequenzen im Detail zu begreifen und sorgfältig zu prüfen, ob und unter welchen Voraussetzungen Ihr jedes einzelne dieser Details zu akzeptieren bereit seid. Denn das ist der Geist von »pacta sunt servanda«. Deswegen sind Verträge Chefsache.

How to read

»PACTA SUNT SERVANDA«

› Wie gehe ich mit Verträgen um – ganz egal
ob Geheimhaltungsvereinbarung, Kauf-,
Kooperations- oder Absatzverträge?

› Genießen Verträge meine volle Aufmerksamkeit?

› Achte ich auf die »große Linie« von Verträgen?

› Wie gehe ich mit den Details um?

› Kann ich bei jedem Vertrag von mir behaupten,
dass ich ihn sorgfältig auf meine Rechte und
Pflichten hin überprüft habe?

› Kann ich bei jedem Vertrag von mir behaupten,
dass ich mit den Konsequenzen leben kann,
sofern die Zusammenarbeit scheitert?

› Habe ich bei jedem Vertrag sichergestellt, dass
mein Verständnis auch im Falle einer gerichtlichen
Auseinandersetzung eine hinreichende Aussicht
auf Erfolg hat?

EXIT VOR EINSTIEG

Was steckt drin

Die Finanzierung einer Innovation ist teuer. Es gibt verschiedene Instrumente, die auf dem Kapitalmarkt zur Verfügung stehen: Förderung, Fremdkapital und Eigenkapital. Die teuerste Finanzierung aus Sicht des Unternehmens ist das Eigenkapital, denn hier gibt man gerade in der Anfangsphase für relativ wenig Geld viele Anteile am Unternehmen ab. Das Risiko ist in der allgemeinen Wahrnehmung zu Beginn oftmals größer als im weiteren Verlauf. Deshalb steigt der Unternehmenswert mit der Zeit, der »Wechselkurs« für das Eigenkapital wird »schlechter«. Umgekehrt verschafft Eigenkapital den begünstigten Innovatoren Freiheitsgrade, weil das Totalverlustrisiko mitgetragen wird und Eigenkapital ein Hebel für Förderung und Fremdkapital ist. Diese Karte spielen Investoren gerne aus. Warum allerdings Eigenkapital nicht gleich Eigenkapital ist, darum geht es in dieser Episode.

Die Episode

»Ich hasse Investoren!« So lautet der Lieblingseröffnungssatz eines Freundes aus einer Innovationsschmiede, wenn er Kapital akquiriert. Dazu kommt er bewusst etwas zu spät zum Termin, wirkt leicht zerstreut und etwas mies gelaunt. Seine überaus positive Erfahrung mit dieser Eröffnung ist: Wer danach noch sitzen bleibt, mit dem kann man wirklich reden.

Investoren sind eine eigene Gruppe Menschen. Sie über einen Kamm zu scheren, wäre falsch. Ihre Methoden ähneln einander dagegen sehr. Immer geht es um die Frage nach den Risiken der Innovation und der Innovatoren. Dabei wird in Technologie-, Produktions- und Marktrisiken unterschieden. Technologierisiken bündeln diejenigen Fragen, die sich darum drehen, ob die Innovation überhaupt im Grundsatz funktioniert. Produktionsrisiken umfassen alle Fragen, die sich mit der Herstellbarkeit der Innovation auseinandersetzen. Die Blickrichtung endet jedoch nicht bei der Serienproduktionsreife, sondern erstreckt sich auch auf die Skalierbarkeit des Anlagen- und Maschinenbaus sowie die weltweite Ressourcenverfügbarkeit. Schließlich möchten die Investoren eine mehr oder weniger unendliche und vor allem unlimitierte Wachstumsgeschichte hören, die keine »natürlichen« Grenzen erkennen lässt. Die Marktrisiken werden betrachtet, weil wir alle gelernt haben, dass sich nicht immer die beste Technologie durchsetzt. Ein beliebtes Beispiel dafür ist immer der Videostandard »Video 2000«, der besser als der »VHS«-Standard war, sich gegen diesen jedoch nicht durchsetzen konnte. Das Beispiel an sich zeigt, aus welcher Epoche diejenigen stammen, die sich darauf heute noch beziehen. Die beste Antwort auf

Marktrisiken ist in diesen Kreisen der Ausverkauf der Produktion für mehrere Jahre – und das bitte deutlich vor jedem Produktionsstart. Die Produktion sollte also am besten durch Abnahmeverpflichtungen, sogenannte Offtake-Agreements, bereits auf Jahre hinaus ausgebucht sein.

All diese Fragen folgen einer inneren Choreografie: Es geht darum, den Innovatoren das enorme Risiko ihrer Innovation vor Augen zu führen, das nur durch eine niedrige Unternehmensbewertung adäquat abgebildet werden kann. Je höher die Risiken, desto niedriger die Unternehmensbewertung. Nach Möglichkeit sollte die Unternehmensbewertung durch einen Wirtschaftsprüfer überprüft und testiert worden sein. Das sind in der Regel alles Menschen, die sich mit Innovation nicht wirklich auskennen und von Berufs wegen risikofokussiert sind. Dies ergibt sich allein schon aus ihrer Haftung für Beratungsfehler. Es ist nahezu unmöglich, bei all diesen Risikofaktoren eine Bewertung zu erreichen, die aus Sicht der Innovatoren angemessen ist und das tatsächliche Potenzial der Innovation ebenso angemessen reflektiert.

Eine weitere Eigenart der Investoren ist, dass sie sich Regeln geben, nach denen sie investieren. Unabhängig von der Art und dem Potenzial der Innovation wird die Unternehmensbewertung in das Prokrustesbett dieses Regelwerks gezwungen. Für alle Nicht-Griechen unter uns erklärt es Wikipedia wie folgt: »Als Prokrustesbett oder Bett des Prokrustes bezeichnet man redensartlich eine Form oder ein Schema, wohinein etwas gezwungen wird, das dort eigentlich nicht hineinpasst.« Im Zweifel werden so lange Fragen gestellt und neue Risiken identifiziert, bis sich die Innovatoren auf die Bewertungslogik des Investors einlassen, um endlich die finanziellen Mittel für den nächsten Schritt zu erhalten.

Und genau da beginnt erst das eigentliche Problem. Denn bevor diese Investoren einsteigen, wollen sie die Bedingungen festlegen, zu denen sie wieder aussteigen können. Die Zeitspanne dafür ist in der Regel relativ kurz, die finanziellen Mittel beschränkt und das Ambitionsniveau an die Leistungen des Innovators zur kurzfristigen Überwindung der Risiken entsprechend hoch. Man diskutiert also den Exit eines solchen Investors vor dessen Einstieg. Das ist nicht nur schräg, sondern es setzt schlicht und ergreifend den falschen Schwerpunkt. Es geht dabei nämlich im Wesentlichen um die Vorteilhaftigkeit der Investition für den Investor, nicht mehr vordringlich um die Vorteilhaftigkeit der Investition für die Innovation. Ich differenziere hier bewusst den Innovator von der Innovation, da es dem Innovator in der Regel um seine Innovation geht. Er stellt oftmals sein gesamtes berufliches und größtenteils auch privates Engagement voll in den Dienst der Innovation. Deshalb hat seine Innovation für ihn Vorrang vor allem anderen. Das gilt für den Investor nicht. Er »wählt« aus einer Fülle von Investitionschancen diejenigen für sich aus, die für ihn am attraktivsten erscheinen. Und damit er besonders viele Chancen nutzen kann, darf die Kapitalbindung nicht zu lange dauern und muss der Exit entsprechend lukrativ geregelt sein. Insbesondere sollen Sonderrechte wie »Liquidation Preference«, also eine bevorzugte Stellung bei einem möglichen Verkauf, oder »Preferred Shares«, also Anteile mit Sonderstimmrechten, oder »Drag Along« und »Tag Along«, Regeln für den Mitveräußerungszwang der Minderheitsinvestoren, die Vorteilhaftigkeit der Investition für die Investoren absichern. Solche Investoren verlieren schnell den Spaß, wenn man auf eine gleichberechtigte und faire Lösung drängt.

Dann stimmt etwas mit der Risikoeinschätzung des Innovators nicht. Und das macht natürlich argwöhnisch für die gesamte Investition.

Wir haben unzählige Gespräche dieser Art geführt. Und wir haben konsequent unseren eigenen Kompass genutzt. Ein solider eigener Kompass ermöglicht es, die Diskussionen und Angebote stets an den Bedürfnissen der Innovation zu spiegeln, ohne durch die Fülle an Fragen und Zweifeln im Dienste der Risikosteigerung für die Absenkung des Unternehmenswertes vollkommen vernebelt zu werden. Deshalb finde ich das Bild des Kompasses so hilfreich. Der Kapitän eines Schiffes kann auch bei dichtestem Nebel allein mit seinem Kompass navigieren und den Kurs halten. Das verhindert zwar nicht, dass man möglicherweise auf Hindernisse trifft, die man ohne den Nebel früher erkannt hätte und damit den Schaden hätte mindern können. Der Kompass verhindert allerdings, dass man vom eigenen Kurs abkommt.

Es ist daher von entscheidender Bedeutung, bei jedem vorgetragenen Risiko, bei jeder Kritik genau zu hinterfragen, welches Ziel der Vortragende damit verfolgt. Wir haben beispielsweise bei unserem HPB Feststoffakku konsequent jede Kritik als Ansporn genommen, um auch für diesen Punkt eine Lösung zu finden, Antworten geben zu können, die die vordergründig gestellten Fragen beantworten. Damit haben wir aber das Spiel lange Zeit nicht »verstanden«: Wir hätten einsehen müssen, dass wir unzählige Fragen einfach gar nicht beantworten können, und deshalb die deutlich niedrigere Bewertung der Investoren hätten akzeptieren müssen.

Eine besonders dreiste Frage war, wie es denn sein könne, dass wir eine höhere Bewertung aufrufen als ein 100-jähriger Schokoladenproduzent mit quadratischen Tafeln. Die Frage wurde tatsächlich wörtlich so gestellt. Meine simple Antwort darauf, nämlich dass wir keine Schokolade herstellen, war zwar für eine kurze heitere Irritation gut, hat aber an der Haltung des Investors nichts geändert.

Wenn es bereits bei der Bewertung der Chancen und Risiken fundamentale Unterschiede gibt, dann ist es durchaus nicht unwahrscheinlich, dass diese auch auf der zwischenmenschlichen Ebene bestehen und damit auf die Zusammenarbeit ausstrahlen. Investoren, mit denen man den Exit diskutieren muss, bevor sie einsteigen, haben meiner Erfahrung nach ohnehin nicht die ausreichende Liquidität oder wenigstens nicht das ausreichende Interesse, sich langfristig in den Dienst der Innovation zu stellen.

Es ist ein fataler Irrglaube, dass es die Hauptaufgabe des Innovators sei, den Exit des Investors besonders attraktiv gestalten zu müssen, damit für diesen seine Investition entsprechend lukrativ erscheint. Dieser Irrglaube ist dabei nicht nur fatal aus Sicht des Innovators, sondern auch aus Sicht des Investors. Denn die fehlende gemeinsame oder sich ergänzende Perspektive auf die Innovation stellt das Hauptrisiko für das Scheitern einer Innovation auf dem Weg in ihren Markt dar. Es ist also vielmehr die Hauptaufgabe des Innovators, mit einem klaren eigenen Kompass Kurs zu halten und für die Umsetzung der Innovation die richtigen Menschen zu finden. Die gibt es auch – und sogar mit Ausrufezeichen – auf der Seite der Investoren.

Wir haben von Beginn an auf Privatinvestoren gesetzt. Privatinvestoren benutzen in der Regel kein Prokrustesbett für ihre Investitionsentscheidung. Für sie zählen die Innovation, die Vorteile für die Nutzer und die Umwelt sowie die Menschen, die diese Innovation umsetzen. Das ist genau das, was Euch und Eure Innovation ausmacht. Damit wir uns nicht falsch verstehen: Solche Investoren haben auch eine Menge Fragen. Im Unterschied zu denjenigen Investoren, die ihren Exit vor ihrem Einstieg mit Euch diskutieren, sind Privatinvestoren aber tatsächlich an Euren Antworten interessiert. Das ist ein himmelweiter Unterschied. Und sie geben Euch in der Regel die Zeit, Eure Innovation umzusetzen, weil sie eben auf die Umsetzung und nicht ihren Exit schauen. Solche Menschen als Unterstützer zu gewinnen, ist für alle Beteiligten eine echte Freude und ein echter Gewinn.

Worum es geht

Die richtigen Menschen zu gewinnen, steigert die Erfolgsaussichten Eurer Innovation erheblich. Auf dem Weg werdet Ihr Euch mit Investoren konfrontiert sehen, die mit einem deutlichen Fokus an den Bedingungen für ihren eigenen Exit herumfeilen und Eure Unternehmensbewertung durch eine wahre Flut von Risikohinweisen in das Prokrustesbett ihrer möglichst niedrigen Bewertung zwingen wollen. Das Ansinnen solcher Investoren ist nur dann mit den zugehörigen Risiken für Euch und Eure Innovation verbunden, wenn Ihr Euch darauf und auf den entsprechenden Deal einlasst.

Wenn Ihr die Perspektive auf solche Gespräche verändert, können sie Euch allerdings einen echten Mehrwert bieten: An den Fragen der Investoren, die vor ihrem Einstieg ihren Exit mit Euch diskutieren, könnt Ihr wachsen, weil jede Frage Euch den Spiegel vorhält, wo Ihr aktuell mit Eurer Innovation steht. Das ist für Euch ein echter Gewinn, weil Ihr dadurch in Eurer Darstellung immer besser werdet und wertvolle Hinweise erhaltet, in welche Richtungen Ihr noch schauen könnt.

Mit der Unterstützung der richtigen Investoren habt Ihr dagegen die Chance auf den echten Erfolg mit Eurer Innovation. Sie stellen ihre Fragen, weil sie an Euren Antworten interessiert sind, weil sie ein langfristiges Interesse mit ihrer Investition bei Euch verfolgen. Ihr müsst »nur« die richtigen von den falschen Investoren unterscheiden lernen. Und dafür gibt es nur eine einzige Strategie: Haltet Kurs, nutzt Euren Kompass. Das bedeutet nicht, dass Ihr nicht offen für mögliche Kurskorrekturen sein solltet, wenn sie sich anbieten. Es bedeutet, dass Ihr alle Finanzierungsangebote konsequent an den Anforderungen Eurer Innovation spiegelt und Euch von den Risikohinweisen und den Anforderungen der falschen Investoren nicht die Sicht vernebeln lasst.

How to read

»EXIT VOR EINSTIEG«

› Habe ich einen klaren Kompass für meine Innovation?

› Bin ich in der Lage, zwischen guten und schlechten Investoren zu unterscheiden?

› Wie stelle ich sicher, dass ich aus jedem Investorentermin einen Mehrwert für meine Innovation erziele?

› Gibt es Muster, die in meinem Geschäftsmodell oder Vorgehensmodell für die Umsetzung meiner Innovation verankert sind und die falschen Investoren anziehen?

› Weiß ich schon gut genug, wer für mich die richtigen Investoren sind?

› Wie stelle ich sicher, dass der Anteil der richtigen Investoren in den Gesprächen dominiert?

› Habe ich für die Beantwortung aller Fragen die richtigen Gefährten, um professionell und kompetent agieren zu können?

GIER FRISST HIRN

Was steckt drin

»Gier frisst Hirn« ist eine exponentielle Funktion. Je größer die Gier, desto überproportional weniger hat die Vernunft zu melden. Gier darf nicht verwechselt werden mit den Träumen, die entstehen, wenn man zulässt, welch enormes Potenzial die eigene Innovation bietet. Dieses Potenzial ist immerhin einer der Treiber für die Umsetzung. Gier ist die hässliche Seite des inneren Antriebs. Die Seite, bei der man – wie Gollum in Tolkiens »Herr der Ringe« – bereit ist, für die Erreichung seines Vorteils alles zu tun. Jedes beliebige Risiko auf sich zu nehmen, jeden als potenziellen Gegner zu betrachten und auszuschalten, und immer mehr Unsinn zu erzählen. Gier schaltet die Vernunft ab. Und noch schlimmer: Gier tötet die fundamentalen Werte. Wie viele Facetten Gier hat und wie wichtig es ist, ihre hässliche Fratze früh genug zu erkennen, darum geht es in dieser Episode.

Die Episode

Innovation schürt Ängste und weckt Hoffnungen. Diejenigen, die sich und ihren Status durch Innovation bedroht fühlen, arbeiten zielgerichtet gegen Innovation. Sie setzen dafür alle Mittel ein, die sie aufbieten können. Bei der Bandbreite der Methoden gibt es aus dieser Angst heraus auch keine Beschränkungen, keine »roten Linien«, die nicht überschritten werden dürften. Schließlich heiligt der Zweck doch die Mittel. Innovation schafft Wohlstand – und Wohlstand will verteidigt werden. Wer Wohlstand verwaltet, anstatt ihn zu schaffen, der ist darauf angewiesen, seine Pfründe zu sichern, seine Wohlstandsquelle so lange wie möglich sprudeln zu lassen. Innovation ist da ein empfindlicher Gegenspieler, denn dadurch könnten diese »Wasserrechte« neu verteilt werden und die eigene Wohlstandsquelle über Zeit versiegen. Diese Sicht betrifft nicht nur einzelne Unternehmen und Ihre Lenker, sondern auch Nationen. Europa, und allen voran Deutschland, hängen in diesem Dilemma fest. Einst Vorreiter der Innovation und Wiege des Wirtschaftswunders obsiegen aktuell die Bewahrer bei jeder Zukunftsdebatte.

Auf der anderen Seite stehen die Hoffnungen, die mit Innovation verbunden sind. Der Kreis der Hoffenden ist anfangs noch überschaubar und nährt sich aus einer tiefen Verwurzelung mit der Innovation. Je weiter die Umsetzung in Richtung Markterschließung voranschreitet, desto größer und heterogener wird dieser Kreis. Immer mehr Menschen begreifen das Potenzial dieser Innovation – und wollen ein Stück von diesem Kuchen abhaben.

Für mich ist die Entdeckung einer Innovation vergleichbar mit der Entdeckung einer Goldader auf einem unübersichtlich großen Grundstück. Man weiß, dass man auf ein enormes Potenzial gestoßen ist, das man allein niemals auch nur ansatzweise heben kann. Man braucht Helfer und Unterstützer, die einem mit den passenden Werkzeugen zur Seite stehen, Hindernisse überwinden helfen und mit denen man anschließend den gemeinsamen Erfolg feiern, die Früchte der Arbeit genießen kann. »Konkurrenz belebt das Geschäft« ist einer dieser Sprüche, wenn ein Wettstreit um Positionen ausgerufen wird. Das kennen wir alle von dem Tanz auf der Karriereleiter: Immer weniger Platz ist auf den Sprossen, je höher man klettert. Immer härter wird der Kampf um den nächsten Schritt. Immer asozialer werden oftmals die Methoden, um sich gegen die Konkurrenz durchzusetzen. Zurück bleiben Bitterkeit und Einsamkeit und ein diffuses Gefühl von Macht. Der eigene Frust lädt oftmals dazu ein, diese Macht an seinem Umfeld auszulassen: Mitarbeiter, Kunden, Familie. Alle geraten in Mitleidenschaft. Konkurrenz belebt das Geschäft nur aus Sicht der Zuschauer. Sie haben einen Logenplatz und können sich daran ergötzen, mit welchen Methoden die Konkurrenten versuchen, einander auszustechen. Konkurrenz ist der Gegenentwurf zu Kooperation. Bevor man einem »Gegner« hilft, nimmt man lieber selbst eine »Einbuße« in Kauf, von der man annimmt, dass sie einen selbst weniger hart trifft als die verweigerte Hilfe den »Gegner«. Und ehe man sich versieht, kämpft man allein auf weiter Front. Die Abwärtsspirale beginnt.

Die Entdeckung unseres HPB Festionenleiters und damit unseres HPB Feststoffakkus ist eine solche Goldader. Wir wissen, dass wir für den Erfolg unserer Technologie auf Helfer angewiesen sind. Wir sehen im Rahmen der Breite der Anwendungsfelder und der Energie- und Mobilitätswende das schier unermessliche Potenzial. Deswegen haben wir unser Geschäftsmodell mit Vernunft gestaltet. Anstatt uns der Allmachtsfantasie hinzugeben, dass wir alles allein können, wenn wir nur groß genug denken, haben wir uns für den Weg eines Lizenzgeschäftsmodells entschieden. Im Bild der Goldader auf einem unübersichtlich großen Grundstück sitzen wir in einer bodenständigen Waldkneipe und bieten unseren Partnern vier Pflöcke an, um ihren Claim abzustecken. So können sie dabei helfen, diese Goldader zu heben. Das besondere an unseren Claims ist, dass wir sie nur so groß machen, dass unsere Lizenznehmer das Potenzial auch heben können. Und wir verteilen jeden Claim überschneidungsfrei. Das bedeutet, dass wir nach Anwendungsfeldern und Geografien für stationäre Anwendungen unsere Technologie lizenzieren, also zum Beispiel für »Heimspeicher in Deutschland«. Darüber hinaus vergeben wir Produktionslizenzen, weil nicht jeder, der ein Anwendungsfeld erschließen kann, auch Batteriehersteller werden möchte. Schließlich vergeben wir Lizenzen an die Automobilindustrie zur Nutzung unseres HPB Festionenleiters für deren Batterieentwicklung. Durch diese Aufteilung unserer Goldader kommen unsere Lizenznehmer in den Genuss einer Lizenz, die ihnen die Möglichkeit bietet, das Potenzial unserer HPB Technologie in ihrem Kompetenzbereich zu heben. Wir bleiben bei der Rolle als Technologieentwickler und treten nicht in Konkurrenz zu unseren Lizenznehmern. Die Aufteilung unserer Claims begünstigt die Zusammenarbeit untereinander, weil die Konkurrenz nur nach außen besteht. Und selbst nach außen kommunizieren wir die Vorteile einer weltweiten Energie- und Mobilitätswende für die Entwicklung unserer Gesellschaften und den Schutz der Umwelt, weil wir davon überzeugt sind, mit unserer Technologie einen

Claim einer übergeordneten Goldader abstecken dürfen, die sich um die Schaffung besserer Lebens- und Umweltbedingungen rankt. Auch hier gilt der Grundsatz, dass Kooperationen mehr vermögen als Abgrenzung und Gier.

Konnten wir durch diese Struktur unseres Handelns die Gier an ihrer Wurzel lösen? Sicherlich nicht. Dafür tritt Gier zu vielschichtig in Erscheinung. Wir wissen allerdings inzwischen, woran wir die hässliche Fratze der Gier schon sehr früh erkennen können. Das erste Anzeichen von Gier ist Abgrenzung. Dabei werden einerseits die eigenen Leistungen und Fähigkeiten glorifiziert und andererseits die Fähigkeiten möglicher »Konkurrenten« mehr oder weniger systematisch herabgewürdigt. Ein weiteres Charakteristikum der Gier ist die Geschwindigkeit. Wenn auf einmal alles ganz schnell gehen muss, weil die gemeinsame Chance doch so groß, die Gelegenheit so einzigartig und das Netz der Unterstützer so scheu wie ein Reh ist, ist äußerste Vorsicht geboten. Dann sollen gewachsene Beziehungen aufgegeben, Grundsätze über Bord geworfen und am besten alles auf eine Karte gesetzt werden. Vertrauen wird durch »Erfahrung« ersetzt. Auf dem Weg der Umsetzung dieser besonderen Chance gibt es nur noch ein Risiko, nämlich das Risiko des Zauderns des Innovators.

In solchen Situationen fühlt man sich schlagartig einsam und verlassen. Man stellt sich die Frage, ob einem auf der Autobahn zwei weiße Lichter entgegenkommen oder hunderte. Wer ist hier der Geisterfahrer? Dann hilft es, sich zurückzubesinnen auf den Kern der eigenen Innovation, auf den eigenen Weg, die ursprünglichen Potenziale und vor allem die eigenen Werte. Es hilft, die Chance so zu bewerten wie eine Chance, die sehr viel kleiner erscheint. Warum sollte bei einer riesigen Chance weniger sorgfältig gearbeitet werden als bei einer kleinen? Welche Netzwerke und Kooperationen haben bis dato für Stabilität in der Umsetzung gesorgt? Welche Gefährten waren wichtig und sollten es bleiben?

Besonders deutlich wird die exponentielle Funktion »Gier frisst Hirn« immer dann, wenn Menschen damit prahlen, wen sie alles kennen. Bis zu dem Zeitpunkt des Abschlusses der Provisionsverhandlung geht alles enorm schnell. Permanent klingelt das Telefon, dauernd kommen neue Mails und die eigene Reaktionsgeschwindigkeit reicht bei weitem nicht aus, um mit der neuen Umsetzungsgeschwindigkeit schrittzuhalten. Und dann? Stille. Auf einmal zeigt sich, dass auch für die Umsetzung der größten Chance die Hausaufgaben gemacht werden müssen. Es reicht nicht aus, die Chance aufzublasen. Man muss auch liefern. Wie oft wurden wir schon aufgefordert, »störende« Menschen aus unserem Netzwerk zu entfernen. Sie würden ungerechtfertigt eine Hand an unsere Goldader legen, obwohl ihr Beitrag doch offensichtlich so gering sei. Doch es sind regelmäßig Partnerschaften, die uns tragen, die mit uns durch dick und dünn gegangen sind. Solche Gefährten lässt man nicht zurück. Solchen Gefährten gehören unser Vertrauen und unsere Einladung zur Feier des gemeinsamen Erfolgs. Wer das unterschätzt, wer das herabwürdigt, trägt die hässliche Fratze der Gier mit Stolz vor dem Gesicht und sieht doch im Spiegel bloß den strahlenden Alleskönner. Diese Fratze wird zudem noch hässlicher, wenn zu der Herabwürdigung auch noch die Klaviatur der Verleumdung gespielt wird.

Wenn das Netzwerk und die Beziehungen allzu glorreich erscheinen und das Potenzial systematisch weit über der eigenen Vorstellungskraft angesiedelt wird, dann ist es Zeit für Sorgfalt und Vorsicht. Dann ist es Zeit, aus der Einsamkeit und Isolation herauszutreten und mit seinen echten Vertrauten, mit den Gefährten, die eigene Standfestigkeit wieder herzustellen, zu seinen Werten und Überzeugungen zu stehen und die Einladung auszusprechen, auf sinnvoller Flamme gemeinsam zu kochen. Gier ist heilbar in einem frühen Stadium. Deshalb kann es sich lohnen, mit der eigenen Klarheit die Hand für eine ehrliche, eine echte Kooperation auszustrecken.

Worum es geht

Entlang Eures Weges werdet Ihr unzählige Gespräche führen. Viele dieser Gespräche werden sich um die Finanzierung und die Potenziale Eurer Innovation drehen. Macht Euch bewusst, dass Gier dazu verleitet, in die falsche Richtung zu gehen, vom Weg abzukommen, Risiken in Kauf zu nehmen, die Ihr ohne Gier niemals einzugehen bereit wäret. Dann ist es Zeit, innezuhalten. Zeit, die eigenen Grundfesten zu überprüfen. Zeit, die angebotene Richtung der Zusammenarbeit vollkommen losgelöst von dem möglichen Ergebnis zu bewerten. Wollt Ihr das? Wollt Ihr es auf diese Weise? Seid Ihr bereit, den Preis dafür zu bezahlen? Das sind Fragen, die Ihr nicht allein beantworten solltet. Stellt die Fragen Euren Gefährten. Holt Euch Rat von Menschen, denen Ihr zutiefst vertraut. Denn Zeitdruck und glorreiche Aussichten sind ein gefährlicher Cocktail, süß und betäubend und mit einem heftigen Kater nach dem Rausch.

Ihr erkennt die Gier, wenn jeder Anker der Vernunft gelichtet wird, bevor er auf festen Grund trifft. Wenn Eure Geschwindigkeit vermeintlich viel zu langsam ist. Und wenn Ihr am besten die anderen einfach mal machen lassen sollt, weil sie es ja schon x-mal gemacht haben. Dann solltet Ihr wachsam bleiben. Eure Überprüfung genauso sorgfältig erledigen, wie bei einer kleineren Chance. Dann solltet Ihr Euch selbst in eine Alarmstimmung versetzen, die Ihr bei einem offensichtlichen Angriff spüren würdet. Denn Gier ist eine Gefahr für Eure Innovation, eine Gefahr für Euch. Gier ist niemals mit einer echten Chance verbunden. Gier zerstört und spaltet alles, was Euch wichtig ist und bleiben sollte. Auch und insbesondere bei wachsendem Erfolg.

How to read

»GIER FRISST HIRN«

› Wer sind meine Gefährten, denen ich zu 100 % vertraue?

› Wie anfällig bin ich selbst für Gier?

› Überprüfe ich mich regelmäßig, ob ich selbst von Gier befallen bin und damit meine Innovation gefährde?

› Gibt es Menschen in meinem Umfeld, an denen ich Vorboten der Gier erkennen kann?

› Mache ich das Auftreten von Gier ausreichend transparent?

› Beziehe ich die Opfer der Gier, meine Gefährten, ausreichend in die Abwehr der Gier mit ein?

› Was ist mein Angebot, um Gier im Keim zu ersticken und eine echte Kooperation anzubieten, wenn die betroffene Person »heilbar« erscheint?

DER FEIND IN MEINEM BETT

Was steckt drin

Gerne lässt man den Blick schweifen. Besonders dann, wenn es darum geht, Gründe für das Scheitern einer Innovation zu finden. Gründe für das eigene Scheitern. Schuldige sind schnell ausgemacht: Es sind die Umweltbedingungen, die Rahmenbedingungen, andere Akteure in dem Marktumfeld, und so weiter und so fort. Kurzum: Es sind die anderen. Doch was, wenn die Probleme sehr viel näher liegen? Was, wenn sie ursächlich in der eigenen Mannschaft verankert sind? Dann ist Scheitern kein Schicksal mehr, sondern ein schleichender Prozess, dem man so früh wie möglich entgegentreten sollte. Warum diese Erkenntnis zwar naheliegend, die Problemlösung jedoch bisweilen so schwierig ist, darum geht es in dieser Episode.

Die Episode

Jeder Mensch ist anders. Selbst Zwillinge sind nicht gleich. Jeder Mensch hat seine individuellen Stärken und Schwächen, Dinge, die ihn antreiben, Dinge, die ihn ausbremsen. Jeder Mensch hat spezifische Voraussetzungen, unter denen er sich besonders wohl fühlt, unter denen er zur Höchstform aufläuft. Das betrifft nicht nur sein berufliches Tätigkeitsfeld, sondern auch sein Privatleben. Tage, an denen der Mensch sich gut fühlt, fühlen sich leicht an, bieten mehr Freude als Last und lassen den Menschen insgesamt strahlen. Tage, an denen der Mensch sich nicht gut fühlt, fühlen sich dagegen schwer an, Sorgen und Nöte dominieren und der Mensch ist eher gereizt als gelöst. Das ist menschlich und gut so. Denn das bietet die Chance, sich selbst zu hinterfragen und den möglichen Ursachen der eigenen schlechten Laune auf den Grund zu gehen.

Wenn man aus der Einzelperspektive in den Kontext von Teams hineingeht, so wird leicht ersichtlich, dass es jeden Tag in jedem Team passieren kann, dass Menschen, die sich gut fühlen, auf Menschen treffen, die sich nicht gut fühlen. Das sind diejenigen Tage, an denen es zu Streitereien kommt, Tage, an denen es schon mal knallt. Jeder Streit birgt das Risiko von Verletzungen, die Narben hinterlassen können. Narben an der Seele des Teams. Es ist ein unerreichbares Ideal, jeden Streit zu verhindern. Es ist jedoch fahrlässig, Streitereien als »normal« hinzunehmen und sich dadurch selbst der Chance der Entdeckung von möglichen Problemen zu berauben. Dabei ist es vollkommen unerheblich, in welcher hierarchischen Konstellation und Richtung diese Streitereien geschehen. Oftmals lösen sich kleinere Nickligkeiten von selbst auf. Problematisch wird es dann, wenn eine schleichende Entfremdung stattfindet. Diese Entfremdung trifft irgendwann auch die Innovation – und diese dann im schlimmsten Fall mit voller Wucht.

Wenn Menschen sich so voneinander abwenden, dass eine weitere Zusammenarbeit unmöglich erscheint, wenn die Befindlichkeiten die Vorteile der Zusammenarbeit überwiegen, dann ist es leider oft zu spät. Dann verliert man Kompetenzen, die für die Umsetzung der Innovation hilfreich sind. Naheliegend erscheint es, vor diesem Zeitpunkt zu beschwichtigen. Alle Beteiligten zur Besonnenheit aufzurufen, sie auf das gemeinsame Zielbild einzuschwören. Doch das reicht nicht. Es gibt Abgründe in jedem einzelnen von uns, die wir selbst nicht überwinden können. Wie kann also ein Außenstehender von uns verlangen, diese Abgründe zu ignorieren oder gar zu überwinden?

Das ist der Moment, bei dem es auf Führung ankommt. Führung ist dabei nicht verkürzt zu verstehen als der Takt auf der Galeere. Führung ist eine vielschichtige Kunst. Natürliche Führung besitzt, wem die Menschen bereitwillig folgen – auch wenn es schwierig wird. Deswegen ist Führung auch untrennbar mit Verantwortung verbunden. Verantwortung, die über die Funktion deutlich hinausgeht. Verantwortung, die man sich aktiv greift.

Ob Geopolitik oder Teamkonflikt, das Muster ist immer wieder gleich. Einen Konflikt zu beginnen, ist verhältnismäßig leicht. Einen Konflikt zu beenden, erscheint dagegen allzu oft unmöglich. Am Anfang steht ein unausgesprochener Konflikt. Eine negative Erfahrung, eine Unzufriedenheit, ein Zweifel. Nicht immer haben solche Konflikte die Ursache also dort, wo sie als offener Konflikt zu Tage treten. Dann sieht man vordergründige Konfliktlinien, die eigentlich Stellvertreterkonflikte sind. »Jung gegen alt« ist ein solcher

Stellvertreterkonflikt. Insbesondere dann, wenn die Umsetzung einer Innovation sehr viel länger dauert als gedacht. Dann fällt es der »ersten Generation« schwer, anzunehmen, dass es nicht wie geplant geklappt hat. Warum soll dann eine »zweite Generation« das Glück haben, die Herausforderung meistern zu können? Statt in die wechselseitige Ergänzung der Fähigkeiten und Erfahrungen zu gehen, ergeht man sich im Scheinkonflikt »jung gegen alt«. Auch hinsichtlich der Einstellung von neuen Mitarbeitern dominieren allzu oft Vorurteile und Befindlichkeiten die Aufnahmebereitschaft des bestehenden Teams. Beispiele für diese internen Konfliktherde gibt es wie Sand am Meer.

Relevant für die Lösung dieser Konfliktlinien sind Klarheit und Konsequenz durch Führung und Verantwortungsübernahme. So, wie jeder Mensch einzigartig ist, ist jeder Mensch auch ersetzbar. Diese Klarheit ist notwendig, um nicht Geisel der internen Befindlichkeiten zu werden. Niemand sollte sich aufschwingen können, die Innovation an seiner eigenen Befindlichkeit scheitern zu lassen. Dann gilt es, diejenigen Kompetenzen zu klären, die im »schlimmsten Fall« der Trennung für die erfolgreiche Umsetzung der Innovation wegbrechen können. Es gibt Menschen da draußen, die diese Konfliktlinien nicht teilen und die benötigten Kompetenzen mitbringen können. Diese Verantwortung schließt zwingend auch die eigene Rolle mit ein. Wenn ich selbst zum Bremsklotz der Umsetzung werde, sollte ich im Sinne der Innovation meinen Posten freimachen, damit ein anderer Mensch diese Aufgabe besser erfüllen kann. Wer mit dem Finger auf andere zeigt, sieht oft nicht, dass er mit drei Fingern auf sich selbst zeigt.

Für die Führungskompetenz bedeutet dies, dass man mit einem wachen Blick hinter die Konfliktlinien schaut, sich die Zeit nimmt, die tatsächlichen Ursachen zu verstehen, bei Ihrer Lösung zu helfen und im Zweifel bereit ist, die für die Innovation notwendigen Konsequenzen zu ziehen. Ohne Konsequenz ist Führung nichts – mit Konsequenz ist Führung der Fels in der Brandung der Herausforderungen. Innovation hat den »Nachteil«, dass es vorher noch keiner gemacht hat. Deshalb sind die Herausforderungen auch individuell und nicht vorhersehbar. Ich empfinde die Verschiedenheit von Menschen als Geschenk und als Bereicherung. Ich bin aber auch sehr klar darin, die Grenzen zu ziehen, wenn individuelle Konflikte die Umsetzung der Innovation bedrohen.

Für den Fall, dass es notwendig wird, die Konsequenz einer Trennung zu ziehen, kommt eine weitere, aus meiner Sicht unerlässliche Komponente für den Erfolg zum Tragen. Es ist die Art und Weise, in der man auseinandergeht. Denn in der Trennung zeigt sich die wahre Größe. Es geht nicht darum, am Ende eines gemeinsamen Weges einen möglichst radikalen Schlussstrich zu ziehen. Es geht nicht darum, dass einer Recht und der andere Unrecht hat, der eine gut, der andere schuld ist. Es geht darum, das, was man gemeinsam für die Weiterentwicklung der Innovation geleistet hat, anzuerkennen und zu würdigen. Das verhindert nicht, dass schmutzige Wäsche gewaschen wird. Es bietet aber die Chance, einander mit Würde zu begegnen und für den weiteren Weg alles Gute zu wünschen. Wer das als »Methode« oder als »Instrument« von Führung missversteht, der fliegt auf. Denn die Gesten in der Trennung wirken nur, wenn sie authentisch sind. Dann erst entfalten sie eine eigene Kraft, die trotz der Trennung diejenigen Gräben zuschüttet, die vorher unüberwindlich erschienen.

Worum es geht

Ein gutes Betriebsklima ist das Rückgrat eines erfolgreichen Unternehmens. Dann spielt jeder auf jeder Position und nach seinen individuellen Möglichkeiten in Top-Form. Dann gibt jeder sein Bestes für den gemeinsamen Erfolg. Doch das Betriebsklima sieht sich durch all unsere Individualität und durch zahlreiche Einflüsse von außen jeden Tag zahlreichen Angriffen ausgesetzt. Führung wirkt dann wie ein Immunsystem: Oft reicht ein offenes Ohr, eine umarmende Geste, ein Stups in die richtige Richtung.

Wenn das jedoch nicht reicht, dann muss Führung durch Klarheit das Problem kapseln und im Zweifel durch eine Trennung die Innovation schützen. Das ist der Moment, in dem menschliche Führung einen besonderen Stellenwert erlangt: Die Trennung ist nicht nur eine persönliche Angelegenheit zwischen der Firma und dem Betroffenen. Art und Umgang miteinander in der Trennung strahlen auch auf das Betriebsklima aus. Diesen Aspekt und dessen Wirkung kann man nur unterschätzen. Es lohnt sich, feinfühlig und empathisch das Betriebsklima permanent zu beobachten, Verwerfungen und Konfliktlinien rechtzeitig zu erkennen und im Zweifel klar und konsequent zu lösen. Denn die relevante Bezugsgröße ist der Erfolg Eurer Innovation – ohne eine Schneise der inneren Verwüstung.

How to read

»DER FEIND IN MEINEM BETT«

› Habe ich ausreichend im Blick, welche inneren Konfliktlinien in meiner Innovation begründet liegen?

› Habe ich ein ausreichendes Gefühl über die Ursachen dieser Konfliktlinien?

› Wie ist mein Umgang mit Konflikten?

› Ist ein gutes Betriebsklima meine Chefsache?

› Was biete ich an, um Konflikte frühzeitig aufzulösen?

› Bin ich darauf vorbereitet, die Konsequenzen zu ziehen?

› Bin ich mir der positiven Abstrahleffekte von Klarheit und Konsequenz in Verbindung mit menschlicher Führung ausreichend bewusst?

DIE MACHT DER BURN RATE

Was steckt drin

Die »Burn Rate« bezeichnet den monatlichen Kapitalbedarf eines Unternehmens. Sie ist die Antwort auf die Frage, wieviel Geld ein Unternehmen »verbrennt«, solange es noch nicht in der Gewinnzone ist. Damit ist sie eine sehr einfache Kennzahl, die seitens der Investoren regelmäßig abgefragt wird. Worum es bei dieser Frage eigentlich geht, welche Frage darauffolgt und wie problematisch der darauf aufbauende Investorendreisatz sein kann, darum geht es in dieser Episode.

Die Episode

Innovationen kosten in der Regel Geld, bevor man durch sie Geld verdient. In dieser Phase »verbrennt« das Unternehmen Investitionsmittel für Menschen, Maschinen und Material. Je etablierter die Innovationstätigkeit ist, desto kontinuierlicher und damit planbarer ist diese »Burn Rate«. Sie steigt häufig mit der Zeit an, bevor dann die ersten Umsätze zur Gewinnerzielung führen.

Für Investoren ist die Information über den Kapitalbedarf von entscheidender Bedeutung. Die »Burn Rate« sagt immerhin einiges über den zukünftigen Kapitalbedarf des Unternehmens aus. Allerdings sagt sie nichts über die Qualität der Mittelverwendung aus, darüber, ob die Ziele des Unternehmens effizient oder effektiv erreicht werden. Effizient werden Ziele erreicht, wenn die Investitionen möglichst verhältnismäßig zum erzielten Fortschritt sind. Effektiv werden Ziele erreicht, wenn »aus allen Rohren geschossen« wird, wenn Menschen, Maschinen und Material in nahezu beliebiger Menge an die Rampe gestellt werden, um das gesteckte Ziel zu erreichen.

In der Regel folgt der Plot rund um die »Burn Rate« im Dialog mit Investoren folgendem Muster: Was ist Eure aktuelle »Burn Rate« und welche Meilensteine plant Ihr damit bis wann zu erreichen? Welche Vorteile wären aus Eurer Sicht denkbar, wenn Ihr die finanzielle Restriktion durch frisches Investitionskapital überwindet? Diese Kombination hebt unmerklich die Messlatte an. Mehr Geld, mehr Meilensteine in kürzerer Zeit. So lautet die einfache Formel. Das wird allerdings schnell ein schmaler Grat. Denn der Aufbau neuer Fähigkeiten eines Teams, sei es durch mehr Menschen, mehr Maschinen oder mehr Material ist mit spezifischen

Herausforderungen verbunden, die oftmals Zeit kosten. Und genau diese Zeit soll ja verkürzt werden. Stress und laufende Kosten steigen, Fehler schleichen sich ein. Der Vorteil einer kurzfristig besseren Kapitaldecke wird zu einer Last, die dem Innovator auf die Füße fallen kann. Denn bei der nächsten Kapitalbeschaffung stehen dieselben Fragen im Raum. Das Hamsterrad dreht immer schneller.

Ein weiterer Plot rund um die »Burn Rate« wird vor allem gerne von »Möchtegern«-Investoren genutzt. Das sind die »Schnäppchenjäger«, die »Schlauen« unter den Investoren. Denn sie sind nicht wirklich an den Meilensteinen interessiert, die mit der aktuellen »Burn Rate« erreicht werden können. Sie interessiert, wie lange das Geld noch reicht, bis es verbrannt ist. Deshalb fragen sie nach dem aktuellen Kontostand. Der daraufhin in den Köpfen ablesbare Dreisatz »Kontostand geteilt durch die Burn Rate gleich Verhandlungsdauer« ist der Einstieg in eine schiere Fülle von Scheindiskussionen, bei denen das Investitionsinteresse durchgängig hochgehalten wird, der Sand aber durch die Uhr läuft, um unweigerlich an den Punkt der größten Not des Innovators zu kommen, den drohenden Kollaps des Unternehmens. Dann ist der Zeitpunkt gekommen, an dem die ursprüngliche Bewertung, zu der sich der Investor seinen Einstieg hätte vorstellen können, natürlich nicht mehr haltbar, ja viel zu hoch erscheint. Der »Wechselkurs« steigt – ganz im Sinne des Investors.

Erkennbar ist dieser Pfad daran, dass solche Investoren ziemlich direkt nach der »Burn Rate« fragen. Weit bevor sie sich mit der Innovation, dem Geschäftsmodell und ihren möglichen Beiträgen zum Gelingen substanziell auseinandersetzen konnten. Weil wir die Choreografie solcher Gespräche kennen, wählen wir konsequent eine radikale Abkürzung: Auf die Frage nach unserer »Burn Rate« sagen wir, dass wir effizient unsere Meilensteine erreichen. Die tatsächliche Höhe geben wir nicht an. Das sagen wir auch klar und begründen dies. Denn wir verweisen auf die unmittelbar nächste Frage nach dem Kontostand und den absehbaren Dreisatz für die Verhandlungsdauer. Das leuchtet ein. Es fühlt sich bisweilen auch nicht gut an für den potenziellen Investor. Diese offene Art lässt innehalten und regt zum Nachdenken an. In jedem Fall trennen sich an dieser Stelle Spreu und Weizen. Die tatsächlich interessierten Investoren springen auf die Innovationsseite, die »Schnäppchenjäger« verweisen darauf, wie fahrlässig es ist, so zu reagieren. Auch das ist effizient – nämlich im Umgang mit den eigenen Ressourcen.

Worum es geht

Bei der »Burn Rate« geht es um nicht weniger als das Überleben der Innovation. Sie ist allerdings auch ein Instrument in der Hand der Investoren. Einerseits erwarten viele Investoren mit ihrer Investition eine Erhöhung der Geschwindigkeit auf dem Weg zum Ziel. Das resultiert nicht selten in einem höheren Bedarf an Menschen, Maschinen und Material. Andererseits ist die »Burn Rate« in Verbindung mit dem Kontostand ein wertvoller Hinweis darauf, wie lange die Verhandlung »gestreckt« werden muss, um einen günstigeren Einstiegskurs zu erreichen. Dabei geht es vordergründig um die Liquidität des Unternehmens und damit um die Umsetzungs- und Überlebenschancen der Innovation. Eigentlich geht es aber immer darum, die richtigen Menschen als Unterstützer der Innovation zu gewinnen. Und die richtigen Menschen sind zuvorderst an der Innovation und den Innovatoren interessiert.

Für Euch und Eure Innovation bedeutet dies, dass Ihr jedes Investorengespräch mit voller Aufmerksamkeit führen solltet. Achtet darauf, wes Geistes Kind da vor Euch steht. Überwindet die vordergründige Ebene und erlangt einen Blick hinter die Kulissen. Ergründet das eigentliche Interesse des Investors. Innovatoren sind oft so begeistert von Ihrer Idee, dass sie nicht ausreichend analysieren, was die tatsächlichen Interessen der Investoren sind. Je aufmerksamer Ihr die Motive der Investoren abklopft, desto schneller könnt Ihr die richtigen Menschen erkennen. Geht es nur um die Zahlen, seid Ihr die nächste Gelddruckmaschine – sofern Ihr im Hamsterrad vernünftig abliefert. Solche Gespräche haben eher einen Rechtfertigungscharakter. Sie lassen den Impulscharakter vermissen. Ihr fühlt Euch gegrillt. Untrügliche Zeichen für eine schwierige Beziehungsebene nach der Investition. Je klarer Ihr in Euren Zielen und dem Weg zur Zielerreichung seid, desto größer Eure Strahlkraft. Die ist es, die Investoren von Euch und Eurer Innovation überzeugen sollte.

How to read

»DIE MACHT DER BURN RATE«

› Kenne ich meine »Burn Rate« im Detail?

› Ist meine »Burn Rate« effizient oder effektiv?

› Wie schnell kommt die Frage nach der »Burn Rate« durch den interessierten Investor?

› Laufe ich schon im Hamsterrad?

› Wie fühle ich mich, wenn ich mir vorstelle, die »Burn Rate« nicht mehr im Ersttermin zu besprechen?

› Ist mir ausreichend klar, wie das bevorstehende Investment und dessen Bedingungen auf meine »Burn Rate« wirken?

› Sind mir die Konsequenzen eines höheren Ambitionsniveaus ausreichend klar?

SEX/RISIKO/MARKE

Was steckt drin

Es gibt Innovationen und Innovatoren, denen gelingt es scheinbar mühelos, die eigene Finanzierung zu bewerkstelligen. Andere Innovationen und Innovatoren tuen sich dagegen schwer. Das erscheint umso unverständlicher, je dichter die Innovationen beieinander sind, wenn sie beispielsweise aus demselben Technologieumfeld kommen. Wenn man eingehend analysiert, was genau die Unterschiede zwischen den Innovationen sind, so kristallisieren sich drei entscheidende Faktoren heraus: Sex, Risiko und Marke. Was es damit auf sich hat, darum geht es in dieser Episode.

Die Episode

Investoren entscheiden oftmals aus einer wahren Fülle von Investitionsvorhaben, auf welche Chance sie setzen wollen. Dabei werden Sie oft von Beratern unterstützt, die eine Investitionsempfehlung abgeben oder direkt im Auftrag der Investoren und im Rahmen derer Entscheidungsparameter einlegen. Jede Entscheidung trägt dabei die Last des Risikos, dass es möglicherweise zum Totalverlust kommt. Man muss sich also – wenn man nicht das eigene Geld selbst investiert – im Zweifel dafür rechtfertigen, wieso man ausgerechnet auf dieses falsche Pferd gesetzt hat. Hätte man das nicht erkennen können oder gar müssen? Wie hätten andere entschieden. Es geht darum, den Kopf aus der Schlinge zu ziehen. Verluste schmerzen und müssen so gut wie möglich vermieden werden. Wenn sie doch eintreten, gehört man besser nicht zu den Schuldigen.

Was sind aber Kriterien, die eine möglichst gute Rechtfertigung für die Investitionsentscheidung bieten? Diese Kriterien sollten möglichst unangreifbar sein. Kriterien, bei denen jeder andere bestätigen würde, dass er sich auf deren Basis ebenfalls für die Investition entschieden hätte.

Wir haben dies im Bereich der Feststoffakku-Vorhaben vergleichen können und sind dabei auf drei Kriterien gestoßen, die die Unterschiede in der Strahlkraft von einer Innovation gegenüber einer anderen Innovation plausibel erklären können. Wir haben eine Präsentation, ein Pitch Deck, weitergeleitet bekommen, weil wir daran ablesen sollten, was wir in unserem Story Telling besser machen können. Technologisch bestand der wesentliche Unterschied im Festionenleiter, dem Elektrolyten eines Feststoffakkus. Eine grundlegend andere Chemie. Die angestrebte

Investitionshöhe stimmte mit unserer überein. Der Reifegrad bei uns war bereits wesentlich fortgeschrittener. Auch die Performance und die Herstellbarkeit unabhängig dokumentiert durch das Fraunhofer Institut bei uns besser als bei der anderen Technologie. An der Technologie an sich konnte sich die höhere Strahlkraft der anderen Innovation also nicht festmachen lassen. Das wäre Grund genug gewesen, das Pitch Deck »abzutun« und einfach zur Seite zu legen. Dennoch haben wir uns gefragt, was genau die Treiber sein könnten.

Drei wesentliche Unterschiede sind uns im Ergebnis aufgefallen, die wir etwas reißerisch zu den Kriterien »Sex«, »Risiko" und »Marke« zusammengefasst haben. Der erste auffällige Unterschied betraf die Führungsriege: Ausgezeichnet qualifizierte Frauen standen hier mittelalten weißen Männern gegenüber. Ein »Hingucker« in einem männerdominierten Technologieumfeld. Und das ist keineswegs sexistisch gemeint. Ein weiterer charakteristischer Unterschied bestand in dem technologischen Risiko: Sollte bei dem einen Projekt das grundlegende Funktionsprinzip mit der Investition nachgewiesen werden, ging es um die Produktion der ersten Produktionslinie bei uns. Dieser Unterschied hatte natürlich gravierende Auswirkungen auf die Unternehmensbewertung, die war bei dem einen Projekt sehr viel niedriger als bei uns. Es gab also mehr »Anteil« für dasselbe Kapital. Dieser Unterschied in der Unternehmensbewertung ist sogar nachvollziehbar. Je weiter der Weg, desto höher die Umsetzungsrisiken und desto geringer der Unternehmenswert. Der dritte wesentliche Unterschied bestand in der Nutzung einer starken Marke, die hinter der Ausgründung des einen Projekts stand. Eine solche starke Marke haben wir nicht im Zugriff. Zusammengefasst ergab sich die Formel Sex-Risiko-Marke als Treiber der Strahlkraft einer Innovation gegenüber einer anderen Innovation. Wir haben diese drei Faktoren nicht.

Zurück zu der Rechtfertigung für die Investitionsentscheidung. Bei der Auswahl geht es im Idealfall darum, die renditestärksten Projekte mit der besten Trefferquote auszuwählen. Dafür ist nicht entscheidend, wie weit die Innovation gediehen ist. Es geht nicht um die Sicherheit der Umsetzbarkeit und der Skalierbarkeit. Es geht vielmehr um den Hebel für die eigene Investition und die »neutralen« Gründe, bei deren Vorliegen sich jeder andere Portfoliomanager auch für das Projekt entschieden hätte. Jede Investition in eine Innovation birgt nämlich das Totalverlustrisiko. Welche Innovation sich durchsetzt und welche scheitert, kann man nahezu unmöglich vorhersagen.

In unserem Vergleich standen dem identischen Totalverlustrisiko – weil es um dieselben Investitionssummen ging – also unterschiedliche Renditechancen gegenüber. Die sind eine Frage des Anteils an der Firma. Dabei ist die Rechnung vergleichsweise simpel: Ein größeres Stück vom Kuchen bedeutet mehr Anteil am Gewinn. Das ist eine pauschale Einschätzung. Sie ist ebenso richtig wie falsch, denn den genauen Erfolg kann man ohnehin nicht präzise vorhersagen. Also bleibt im Ergebnis nur der Vergleich der Kuchenstücke, also der Anteile am Unternehmen, die mit der Investition erworben werden.

Ein Beispiel aus dem Casino verdeutlicht den Effekt und damit die naheliegende Portfolioentscheidung. Dafür vergleichen wir beim Roulette zwei gegensätzliche Strategien: Den Einsatz auf »rot« oder »schwarz« gegen denselben Einsatz beispielsweise auf die »34«. Beide Strategien tragen das Totalverlustrisiko. Die »rot/schwarz«-Strategie hat eine

Eintrittswahrscheinlichkeit von fast 50 %, da nur die Null grün ist und die übrigen 36 Zahlen zu gleichen Teilen schwarz oder rot sind. Die »34« hat dagegen lediglich eine Eintrittswahrscheinlichkeit von 1:37. Das Totalverlustrisiko der »rot/schwarz«-Strategie ist also erheblich geringer. Dafür wird bei einem Treffer bei der »rot/schwarz«-Strategie der Einsatz verdoppelt, wohingegen ein Treffer bei der »34« mit dem Faktor 36 belohnt wird. Während also das Totalverlustrisiko bei beiden Strategien identisch ist, ist der Kick bei einem Erfolg der »34«er-Strategie mit nichts zu vergleichen.

Frühphasen-Investoren suchen diesen Kick, diesen hohen Hebel. Dafür sind sie bereit, erhebliche Risiken einzugehen. Die Eintrittswahrscheinlichkeit des Erfolgs wird dabei umso höher eingeschätzt, je unzweifelhafter die Innovatoren sich von anderen Innovatoren abheben – in unserem Fall also hochqualifizierte Frauen statt mittelalter weißer Männer – und je stärker die dahinterstehende Marke ist – denn sie verleiht Leumund und macht ein Scheitern neutral betrachtet unwahrscheinlicher. Bei dieser Risikoabwägung ist ein Projekt, bei dem die Hausaufgaben gemacht sind und damit das technische Risiko gering ist, dem zudem die herausstechende Führungsmannschaft und eine zugstarke, bekannte Marke fehlt, schlicht weniger attraktiv als eines, das in diesen Kategorien besser punktet. »Sex«, »Risiko« und »Marke« sind somit relevante Kategorien, die ernst genommen werden sollten im Wettbewerb um die finanziellen Mittel für die Umsetzung der eigenen Innovation.

Worum es geht

Im Wettbewerb um Investitionen für Innovation geht es um

die Strahlkraft der Innovation. Sie dient der Rechtfertigung der Portfolioentscheidung des Investors und sollte über neutrale Kriterien bewertbar und nachvollziehbar sein. »Sex«, »Risiko« und »Marke« sind die vielleicht wichtigsten Kriterien, auf die man als Innovator oftmals nur begrenzt Einfluss hat. Allerdings ist es von entscheidendem Vorteil, diese Kriterien zu kennen und ernst zu nehmen.

Es geht dabei um relevante Grundsatzentscheidungen. Es geht um die Entscheidung, ob und zu welchen Konditionen Ihr einen Partner mit einer starken Marke einbinden möchtet, um das Kriterium »Marke« zu erfüllen. Auch geht es um die Grundsatzentscheidung, zu welchem Zeitpunkt Ihr von welchen Partnern wieviel Investitionskapital zu welchen Konditionen einsammeln wollt. Dabei muss Euch bewusst sein, dass Ihr aus dem Bereich des Venture Capital umso weniger Partner findet, je geringer Euer Risiko ist, also je besser Ihr Eure »Hausaufgaben« erledigt habt. Es gibt also eine Abhängigkeit, einen Trade-off, zwischen den Kapital-akquisekosten – also wie viele Anteile Ihr abgeben müsst – und den Akquiseangeboten – also wie viele Investoren Euch überhaupt ein Angebot unterbreiten. Ihr müsst Euch also rechtzeitig um Eure Investorenstrategie kümmern. Die Kategorie »Sex« lässt sich am besten mit der Außenwirkung umschreiben. Sie hängt nicht ausschließlich am Geschlecht. Es ist auch die Frage der Darstellung. Wie »attraktiv« ist Eure Verpackung? Auch hier lohnt es sich, rechtzeitig in professionelle Unterstützung zu investieren, entweder durch Auftrag oder durch Einstellung.

Ohne »Sex«, »Risiko« und »Marke« ist die Innovation schlicht langweilig für viele Investoren. Doch achtet auf Eure DNA, denn die ist im Ergebnis verantwortlich für Eure Authentizität. Und das ist eine Strahlkraft, die Ihr Euch nicht kaufen könnt. Und Eure DNA sollte zu keinem Zeitpunkt käuflich sein. Diese Strahlkraft liegt in Euch begründet. Und sie ist am Ende des Tages nicht weniger wichtig als die plakativen Kategorien »Sex«, »Risiko« und »Marke«.

How to read

»SEX/RISIKO/MARKE«

› Welche Strahlkraft hat meine Innovation?

› Welche Strahlkraft hat mein Gründerteam?

› Habe ich eine starke Marke im Hintergrund oder
zu welchen Konditionen bin ich bereit, diese
Lücke zu schließen?

› Welches Risiko habe ich wann und wie passt das
zu meiner Investorenstrategie?

› Habe ich bereits ausreichend in die Attraktivität
der Außenwirkung meiner Innovation investiert?

› Kenne ich meine DNA und passen dazu meine
Ideen, Lücken in den Kategorien »Sex«, »Risiko«
und »Marke« zu schließen?

› Kann ich die Gründe für meine Festlegungen
in den Kategorien »Sex«, »Risiko« und »Marke«
nachvollziehbar begründen?

DREIMAL NEIN

Was steckt drin

Investoren geben sich Investitionsregeln. Diese Regeln entsprechen der Übersetzung der eigenen Anlagestrategie. In der Regel werden diese allerdings gegenüber dem Innovator nicht transparent gemacht. Der Investor kann sich grundsätzlich vieles vorstellen und nahezu alles leisten. Zudem verfügt er über ein enormes Netzwerk und die fehlenden Skills für den Erfolg der Innovation. Warum es gut ist, diese Regeln so früh wie möglich zu überprüfen, darum geht es in dieser Episode.

Die Episode

Das Fernsehformat »Die Höhle der Löwen« erfreut sich einer gewissen Beliebtheit. Einerseits bekommt man viele spannende neue Ideen präsentiert, andererseits kann man beobachten, mit welchen Strategien die Innovatoren die »Löwen« überzeugen. Bei mir erzeugt diese Sendung regelmäßig ein Störgefühl. Spätestens bei den Deal-Angeboten im Anschluss an die Präsentation wird deutlich, was für ein enormes Gefälle zwischen den »Löwen« und den Innovatoren besteht. Selten geht es um größere Investitionen, also Investitionen jenseits der Millionengrenze, noch seltener um größere Bewertungen. Das mag an der Vorselektion der Innovationen liegen, die für dieses Format zugelassen werden. Es ist allerdings auffällig, dass es regelmäßig um relativ große Anteile an den Unternehmen geht, für die sich die »Löwen« einsetzen möchten.

Der Investitionssumme wird dabei das persönliche Engagement des Investors als »geldwerter Vorteil« zugerechnet, weshalb die Größe des Unternehmensanteils und die niedrige Unternehmensbewertung sogar als »entgegenkommend« verkauft werden. Dieses Engagement erscheint in Anbetracht der Berühmtheit und des attraktiven Selbstbewusstseins der »Löwen« enorm, ist jedoch ehrlicherweise überhaupt nicht zu beziffern. Immerhin wird längst nicht jeder Deal ein Erfolg.

Ein anderes verstörendes Fernsehformat ist »Das Supertalent« oder austauschbar »Deutschland sucht den Superstar«. Dort richtet eine Jury aus Prominenten über Kandidaten, die sich teilweise bis zur vollständigen Selbstaufgabe entblößen. Als wenn das nicht schon schlimm genug wäre, grölt das schaulustige Publikum umso lauter, je reißerischer und verletzender das Feedback ist. »Dreimal Nein« ist die Quittung für die fortan gesellschaftlich stigmatisierten »Looser«.

Spannend ist die Kombination dieser beiden Formate auf der Seite des Innovators. Klingt frech und ist es auch. Wenn man sich die Choreografie und die dahinter liegenden Ziele bewusst macht, geht es bei Anfragen dieser Art um den Aufbau eines enormen Gefälles, das im besten Fall in einer Gefälligkeit mündet, nämlich in einem sehr günstigen Deal für den Investor, der bereit ist, seine Bekanntheit für die Innovation einzusetzen.

Uns ist genau das passiert. Wir wurden von einem der »Löwen« angerufen, weil es ein Interesse an einer Investition bei unserer Batterieinnovation gab. Natürlich fühlt man sich geehrt, wenn solche Investoren von sich aus auf einen zukommen. Immerhin hatten wir uns darum gar nicht bemüht oder gar beworben. Mit der Kenntnis des Formats und dem damit verbundenen Störgefühl haben wir vor jedem weiteren inhaltlichen Austausch und nach einem ehrlichen Dank für das Interesse nach den Bedingungen für die Investition gefragt. Das sei ungewöhnlich, wurde uns versichert. Üblich sei, dass die Konditionen sich erst am Ende der Due Diligence ergeben würden, also nachdem man die Innovation ausführlich bewertet habe. Diese Erklärung erschien uns jedoch zu einseitig. Immerhin ist eine ausführliche Due Diligence auch für uns mit einem enormen Aufwand verbunden. Und zwar immer wieder neu. Jeder Investor hat seine ganz eigene Art der Überprüfung und der Inaugenscheinnahme des Status Quo. Entsprechend gleicht keine Due Diligence der anderen.

Deshalb haben wir uns auf den für beide Seiten effizienten Standpunkt gestellt, dass einerseits die Angebotsbedingungen bereits im Vorfeld feststehen, weil der Investor eine klare interne Anlagestrategie hat, und diese Angebotsbedingungen aus der Due Diligence heraus auf den individuellen Fall »übersetzt« werden. Es kommt also immer dasselbe heraus, es fühlt sich für den Innovator nur individuell an, weil die Begründung auf seine Innovation abgestimmt ist. Andererseits betraf unser für beide Seiten effizienter Standpunkt die Klarheit, dass sich der Aufwand einer umfangreichen Due Diligence nur dann für beide Seiten lohnt, wenn die Angebotsbedingungen überhaupt in einem grundsätzlichen Einigungsbereich liegen. Dieses Argument war offenbar so überzeugend, dass sich der »Löwe« dazu entschloss, uns diese Bedingungen tatsächlich im Vorfeld zu benennen: »Wir bekommen 20 % am Unternehmen. Dafür geben wir bis zu 1,5 Mio. €. Und wir stellen das operative Management.« Unsere Antwort kam sofort: »Dreimal Nein.« Zu diesem Zeitpunkt verkauften wir unsere Aktien an Privatinvestoren bereits zu einer Unternehmensbewertung von 53 Mio. €. Die Bewertung von »20 %« bei einer Investition von »bis zu 1,5 Mio. €« ergibt im aus Innovatoren-Sicht günstigsten Fall eine Bewertung von 7,5 Mio. €. Und das bei einer Investitionssumme, die zum Sterben zu viel und zum Leben zu wenig ist. Wenn man dann noch berücksichtigt, dass das operative Management im Wesentlichen eine Kontrollinstanz im Sinne des Investors, und nicht notwendigerweise der »perfect fit« für die erfolgreiche Umsetzung der Innovation ist, dann sind diese drei Bedingungen weit weg von jedem Einigungskorridor.

Die spannende Erfahrung an diesem Gespräch betraf zwei Aspekte, für die wir nachhaltig dankbar sind und die uns tief beeindruckt haben: Kurzfristig war für beide Seiten vollkommen nachvollziehbar, dass sich der Aufwand einer

Due Diligence bei diesen entgegengesetzten Positionen nicht lohnen würde. Und wir haben uns daher aufrichtig und in aller Freundschaft gegenseitig viel Erfolg für unsere jeweiligen Vorhaben gewünscht. Mittelfristig hatten wir zwei weitere Runden mit demselben »Löwen«, denen unsererseits jeweils eine Erhöhung des Unternehmenswertes vorausgegangen war. Ein kurzer Abgleich der Anlagekriterien ergab, dass sich die Anlagekriterien nicht geändert hatten. Und es blieb bei der freundschaftlichen Position getrennter Wege. Das hat uns so gut gefallen, dass wir andere Innovatoren, die in den Korridor dieser Kriterien noch hineinpassten, aktiv mit diesem »Löwen« vernetzt haben. Das ist aus unserer Sicht Wertschätzung auf Augenhöhe.

Worum es geht

Eine Due Diligence ist für alle Beteiligten ein hoher Aufwand. Umso sinnvoller ist es, wenn man vorher klärt, welche grundlegenden Anlagebedingungen im Angebotskorridor des Investors zu erwarten sind. Dabei geht es einerseits um die konkrete Investitionssumme, andererseits um den angestrebten »Wechselkurs«, also die Unternehmensbewertung. Glaubt mir, diese Bedingungen stehen in den meisten Fällen vor Eurem Austausch bereits fest. Also traut Euch, diese Bedingungen im Vorfeld abzufragen. Solltet Ihr darauf keine Antwort erhalten, solltet Ihr Eure Sicht auf Eure Unternehmensbewertung teilen und Eure Anlagebedingungen transparent machen. Dann könnt Ihr einen unsinnigen Aufwand vermeiden.

Ohne die Transparenz über die Anlagebedingungen des Investors gelingt diese Aufwandsvermeidung nicht immer.

Die Transparenz über Eure Bedingungen hilft aber dabei, in der Begründung Eurer Absage Haltung zu bewahren. Auch das haben wir erlebt: Als am Ende eines wirklich anstrengenden Due Diligence Prozesses das Angebot weit unterhalb unserer ursprünglich kommunizierten Deal Struktur und sogar deutlich unter der Bewertung lag, die sich aufgrund der gemeinsamen Arbeit am Business Case einschließlich Vorsteuereffekt-Modulation ergab, haben wir kurzerhand den Deal platzen lassen. Der Finanzberater des Investors war empört und äußerst verärgert. Dieses Gefühl haben wir ihm aufrichtig erwidert. Immerhin hatten wir Einigkeit bei der Bewertung und dann einen schroffen Dissens im Angebot. Als mich dann der Investor irritiert anrief, eröffnete er das Gespräch mit der Frage, ob wir uns noch liebhätten. Das konnte ich ehrlich bejahen. Seine Frage danach, wie wir denn dann zusammenkämen, konnte ich mit dem Verweis auf unser unverändert bestehendes Angebot immer noch umsetzungsorientiert beantworten. Als er dann aber erneut versuchte zu erklären, dass er ja ausführlich begründet habe, wieso wir nur auf der Basis seines Angebots zusammenkämen, hörte ich mich sagen: »Dann befürchte ich, dass wir eine Beziehung auf Distanz führen müssen.«

Diese Geradlinigkeit wirkt vielleicht schroff, sie verhindert allerdings auch, dass die falschen Investoren an Bord kommen. Wenn eine Lösung schlecht erscheint, wird sie nicht dadurch besser, weil kurzfristig vielleicht die Alternative fehlt. »Wo sich eine Türe schließt, geht eine andere auf«, besagt ein altes Sprichwort. Ich ergänze: Wenn Ihr durch die falsche Türe geht, kommt Ihr vielleicht nicht mehr zurück.

How to read

»DREIMAL NEIN«

› Traue ich mich, auf Augenhöhe in Verhandlungen mit Investoren zu treten?

› Sind mir die Konditionen rechtzeitig klar?

› Kann ich prüfen, ob die angebotenen Leistungen für meine Innovation tatsächlich einen Mehrwert bieten?

› Passen die Anlagekriterien des Investors zu meinen Zielen?

› Weiß ich, welche Unterlagen ich im Rahmen einer Due Diligence der Überprüfung und der Inaugenscheinnahme des Status Quo anheimstellen kann und möchte?

› Habe ich das Gefühl, dass ein Gefälle zwischen dem Investor und mir hergestellt wird?

› Bin ich ausreichend transparent und klar in meinen Vorstellungen?

CORONA UND GELD

Was steckt drin

Die Pandemie durch Corona hat uns vor Augen geführt, wie schnell sich bedrohliche Erkrankungen ausbreiten können. Sie hat uns auch gezeigt, dass die Natur bislang am Ende doch gnädig mit uns ist. Denn über Zeit wurde das Virus weniger aggressiv, jetzt ist es nur noch eine lästige Erkältung, die wir alle dann und wann bekommen werden, an der aber nur noch wenige versterben. Wie jede Viruserkrankung, gibt es auch bei Corona ein wesentliches Element, ohne das die Verbreitung undenkbar wäre: Den nächsten Wirt. Gäbe es den nächsten Wirt nicht, gewänne früher oder später das Immunsystem des Infizierten die Oberhand und machte das Virus unschädlich, oder das Virus gewänne die Oberhand über den Wirt. Was Corona mit Geld zu tun hat, darum geht es in dieser Episode.

Die Episode

Bevor wir uns um die inneren Zusammenhänge von Corona und Geld kümmern, nutze ich an dieser Stelle die Gelegenheit, zunächst sprachlich aufzuräumen. Dabei geht es um das Geschlecht, genauer gesagt um das Genus. Und wo wir gerade dabei sind, auch der Unterschied zwischen Geschlecht und Genus lohnt einen kurzen Blick. Mein Doktorvater hat es so auf den Punkt gebracht: »Der Genderwahn in der deutschen Sprache drückt in viele Zusammenhänge ein Geschlecht hinein, wo das Genus bereits ausreichen würde.« Doch zurück zum Virus: Heißt es nun das Virus oder der Virus? Das ist nämlich gar nicht so eindeutig. Wir haben es hier mit einem Geschlechtswandler zu tun.

Der Duden führt dazu aus, dass das sächliche Geschlecht, also das Virus, typisch für bildungssprachliche Entlehnungen ist. Mediziner und Seuchenspezialisten bleiben damit nahe am lateinischen Ursprung des Wortes. Die alten Römer nutzten dieses Wort für Schleim, Saft oder Gift. Die Alltagssprache dagegen greift auf das zurück, was gewohnt und üblich ist. Substantive auf -us sind in der Regel männlich. Daher wurde aus »das Virus« umgangssprachlich »der Virus«. Da beide Varianten heute gültig sind, könnt Ihr beim Lesen Euer bevorzugtes Genus einsetzen. Ich fröne derweil der bildungssprachlichen Entlehnung.

Geld ist gemäß der Definition des Gabler Wirtschaftslexikons »das allgemein anerkannte Tausch- und Zahlungsmittel, auf das sich eine Gesellschaft verständigt hat. Ist man durch die Rechtsordnung verpflichtet, das Geld anzunehmen, dient es als gesetzliches Zahlungsmittel, durch das eine Schuld mit rechtlicher Wirkung getilgt werden kann.« Die Geldschöpfung ist dabei die Aufgabe des Staates, in dessen

Auftrag »bares Geld« hergestellt wird. Metall geprägtes Münzgeld oder auf Papier gedrucktes Scheingeld bilden zusammen die Zahlungsmittel. Weil die Geldschöpfung eine hoheitliche Aufgabe des Staates ist, ist es verboten, selbst Geld herzustellen. Dennoch ist die Vorstellung, märchenhaft reich zu werden, für viele Menschen überaus reizvoll.

Doch wie soll das gehen, wenn ich mein Geld nicht selbst drucken kann? Dann muss ich versuchen, durch geschickte Tauschgeschäfte meine Wirtschaftsgüter so zu mehren, dass ich dabei immer reicher werde. Einen besonderen Hebel bietet da der Erwerb von Unternehmensanteilen. Sie haben die Chance, dass sie in kurzer Zeit ihren Wert vervielfachen können. Man muss nur auf die richtige Idee setzen, und dann wird aus einer kleinen Investition ein großes Vermögen. Die Investoren der ersten Stunde bei Amazon sind heute – sofern sie dabeigeblieben sind – Multimillionäre.

Und genau hier treffen sich die Muster von Corona und Geld. Die Verbreitung eines Virus, also dessen Vermehrung, setzt zwingend die Übertragung von einem Wirt auf den nächsten Wirt voraus. Übertragen auf die Vermehrung von Geld, ist die wahrscheinlichste, und damit gemeint ist die aussichtsreichste, Version eine Investition in eine erfolgreiche Innovation. Wenn wir also Lotto oder eine reiche Erbschaft als eine Strategie zur spontanen Geldvermehrung ausschließen, braucht Geld zur Vermehrung einen besonderen Wirt. Und dieser Wirt ist die Idee. Das Besondere an dieser Erkenntnis ist, dass Corona und Geld dasselbe Muster teilen: Der Virusdruck ist überall in unserer Umwelt recht hoch. Unser Immunsystem hat Abwehrstrategien entwickelt, die viele Viren unter Kontrolle bekommen, bevor wir überhaupt merken, dass wir angegriffen worden sind. Damit hat nicht jedes Virus das evolutionäre Glück, sich nach seiner Anlandung im neuen Wirt erfolgreich vermehren zu können. Glaubt man den Analysten, dann liegt das Geld für Innovationen auf der Straße. Wie schwer es dennoch ist, Investoren und Innovatoren zusammenzubringen, davon kann wenigstens jeder Innovator ein Lied singen. Es bleibt die gute Erkenntnis, dass Geld das Virus ist und der Wirt die Innovation.

Worum es geht

Je gesünder Euer Immunsystem ist, desto leichter gelingt Euch die Abwehr schädlicher Einflüsse von außen. Wenn Ihr Euch diesen biologischen Sachverhalt bewusst macht und auf das System Geld übertragt, dann werdet Ihr feststellen, dass Geld sich wie ein Virus verhält: Geld braucht einen Wirt für die eigene Vermehrung. Der attraktivste Wirt ist und bleibt eine gute Idee, eine Innovation. Sie bietet dem Investor die Chance, mit einem überschaubaren Risiko in kürzester Zeit sein Geld erheblich zu vermehren.

Dabei ist Geld nicht gleich Geld, so wie Virus nicht gleich Virus ist. Euer Immunsystem steckt in Eurer DNA – das gilt für Euren Körper ebenso wie für Eure Innovation und Eure Firma. Besonders gefährlich sind Viren, die Eure DNA angreifen. Es geht also darum, rechtzeitig zu erkennen, welches Geld gut und welches schädlich ist. Das geht nur durch eine schonungslos transparente Analyse der Investoren und der Investitionsbedingungen.

Wenn das Geld für Innovationen tatsächlich auf der Straße liegt, dann ist der Engpassfaktor die Innovation. Dann ist Eure Innovation das Asset, nicht das Geld. Aber selbst wenn das Geld für Eure Innovation nicht auf der Straße liegt, ist es nicht minder schädlich für Eure Innovation, wenn es Eure DNA angreift.

How to read

»CORONA UND GELD«

› Bin ich mir ausreichend darüber bewusst, dass meine Innovation das Asset ist und nicht das Geld?

› Wie stelle ich sicher, dass ich aus diesem Wissen die Augenhöhe zwischen Innovation und Investition herstelle?

› Wie robust ist meine Innovations-DNA?

› Wie robust ist meine Unternehmens-DNA?

› Wie schließe ich aus, dass mich dieses Bewusstsein abheben lässt?

› Für welches Genus habe ich mich entschieden – »der Virus« oder »das Virus«?

› Wie nutze ich die Analogie zwischen Corona und Geld für die Strahlkraft meiner Außendarstellung?

VERMITTLER UND TRITTBRETTFAHRER

Was steckt drin

Innovation schafft Faszination. Sie erzeugt eine regelrechte Goldgräberstimmung. Sobald eine Innovation einen wesentlichen Durchbruch erzielt, oder im Verdacht steht, einen solchen erzielen zu können, tauchen sehr viele Menschen aus dem Nichts auf, die auf einmal am Erfolg mitarbeiten wollen. Sie kennen unglaublich viele Menschen, die unglaublich viel Vermögen haben, und sind bereit, ihren Beitrag im besten Fall gegen eine Erfolgsprämie zu leisten. Hört man ihnen zu, liegt das Geld auf der Straße und der Erfolg ist nur einen Steinwurf weit entfernt. Die Ernüchterung kommt allzu oft sehr schnell. Die Belastbarkeit der Kontakte ist nicht gegeben, es ist alles unerwartet komplizierter als gedacht. Worauf man bei der Auswahl von Vermittlern achten sollte und wie man frühzeitig die Spreu vom Weizen trennen kann, darum geht es in dieser Episode.

Die Episode

Wir kennen sie alle: Menschen, die scheinbar Gott und die Welt kennen. Sie werfen mit bekannten Namen und passenden Geschichten nur so um sich. Alle wohlhabenden Personen sind persönlich bekannt, deren Kinder haben mit den eigenen Kindern dieselbe Schule besucht, sie sind der Familie eng verbunden und nur über diese Menschen für die Innovation zu begeistern. »Name dropping« heißt dieser Sport und ist im Rahmen des gegenseitigen Kennenlernens schwere Kost für den Zuhörer.

Es ist zugespitzt nur eine Frage von Stunden, bis alle Finanzierungsfragen für die Innovation gelöst sind. Deshalb ist es auch wichtig, die Konditionen vorher festzulegen. Zu oft ist man schon von Innovatoren enttäuscht worden, die im Moment des Erfolgs die erfolgskritischen Beiträge der Vermittler vergessen und sich an keine Vergütungsverabredung mehr erinnern können.

Also beginnt eine Runde der Konditionenverhandlung. Gerne begleitet von Diskussionen über »Retainer«, das sind monatliche Abschlagszahlungen auf den Erfolg, Reisekosten, die sind natürlich durch die Provision nicht abgedeckt, und Exklusivitäten, schließlich möchte man ja Doppelangänge vermeiden. Eine Liste der »Targets« wird in der Regel nicht vorgelegt, weil man ja damit sein Asset als Vermittler aus der Hand gibt: Die Kontaktliste. Dafür muss zunächst das wechselseitige Vertrauen wachsen. Je »frühphasiger« das Unternehmen, desto höher sind natürlich die Provisionsforderungen, da der Blindaufwand für die Vermittler durch risikoaverse Kontakte natürlich höher und sehr viel schwerer zu kalkulieren ist. Solche Verhandlungen gehen teilweise sogar über mehrere Vertragsversionen. Schließlich muss der Vermittler aufgrund seiner negativen Erfahrungen mit anderen Innovatoren sicher sein, dass alle Bedingungen auch unter allen Umständen gesichert vereinbart sind.

Ist diese Phase überstanden, kommt die nächste Phase im Vermittlungsprozess: Die Lernkurve des Vermittlers. Mit einem hohen Engagement werden alle erdenklichen Fragen des »kritischen Investors« antizipiert, alle Unterlagen auf den Prüfstand gestellt. Es wird immer wieder hinterfragt, wieso kein anderer bisher auf diese Innovation gekommen ist. Keine Information ist ausreichend, alles kann man natürlich besser machen. Schlicht, es wird unfassbar viel Zeit vom Innovator konsumiert. Ich finde in diesem Zusammenhang übrigens regelmäßig bewundernswert, wieviel sich gerade Vermittler merken können – und das ganz ohne jede eigene Notiz. Da kann man schon mal neidisch an seinen eigenen Fähigkeiten zweifeln.

In der nächsten Phase des »Ausschwärmens« kommt dann relativ schnell der Punkt der Ernüchterung. Die Kontakte sind anfänglich super interessiert, stellen dann aber die erwartet kritischen Fragen und sind mit den Antworten nicht zufrieden. Der Vermittlungserfolg bleibt aus. Die Frustration wächst. Entsprechend wächst auch der Impetus des Vermittlers, nämlich dahingehend, dass es wesentliche Schwachpunkte in der gegenwärtigen Aufstellung auf Seiten der Innovatoren gibt. Werden diese nicht entsprechend den Feedbacks der kritischen Investoren umgehend behoben, erodiert die Vermittelbarkeit der Innovation. Es wird an die Einsicht des Innovators appelliert.

Wenn man mit einem gewissen Abstand auf diesen Verlauf schaut, so stellt man zwei Dinge fest: Erstens ist dieses Muster die Regel und nicht die Ausnahme, zweitens stehen die Empfehlungen zum Teil in einem empfindlichen Gegensatz zu den Erfordernissen der Innovation und widersprechen sich gegenseitig bisweilen elementar. Auch Vermittler leiden unter dem Nachteil der Innovation, der darin besteht, dass es noch keiner vorher gemacht hat. Es fehlt allerdings die Einsicht, dass es deshalb auch keine Blaupause für die Umsetzung gibt. Vielmehr fischt jeder im Teich seiner Möglichkeiten und es kann nur stimmen, was Provisionen in die Kasse des Vermittlers spült.

Um das Dilemma etwas greifbarer zu machen, hilft vielleicht dieses Bild: Stellt Euch vor, Ihr besitzt einen laubfroschgrünen Lamborghini mit Premiumausstattung, den Ihr gerne zu einem fairen Preis verkaufen möchtet. Ihr bedient Euch vordergründig geeigneter Vermittler. Menschen also, die schon einmal erfolgreich Autos verkauft haben. Das Feedback, das Ihr über den Vermittler von den Kaufinteressenten erhaltet, ist, dass die durchaus zahlreich vorhandenen Interessenten von Euch gerne das Auto kaufen würden. Dafür müsste es nur gelb und ein Porsche sein. Ein anderer Vermittler sagt Euch, dass es rot und ein Ferrari sein müsste. Die eigentliche und harte Botschaft lautet: Ihr habt die falschen Vermittler. Sie sind nicht in der Lage, das zu verkaufen, was Ihr anzubieten habt. Dafür sind sie klar in ihren Forderungen an die Vermittlungsprovision und unverblümt in ihren Verbesserungsvorschlägen ganz im Sinne ihres Vermittlungserfolges. Gänzlich fehlt der Abgleich mit der Vorteilhaftigkeit der Empfehlungen für die Innovation und das Unternehmen des Innovators. Schließlich kann der Vermittler ansonsten nicht verkaufen. Damit fehlt das Geld und somit ist absehbar, dass dann gar nichts mehr mit der Innovation klappt. Dieser Vermittler-Dreisprung ist nicht nur ressourcenintensiv, sondern oftmals auch schwere Kost für den Innovator. Zu wenig Brauchbares ist dabei, zu weit weg die Empfehlungen von der unternehmerischen Realität.

Doch wie die Spreu vom Weizen trennen? Auch wir haben hier noch keine Patentlösung. Ein sehr guter Ansatz ist allerdings, die Solidität des Vermittlers dadurch zu verifizieren, dass man ihn nach seiner eigenen Investitionshöhe in das Unternehmen fragt. Die höfliche Ausrede ist häufig, dass man gerne Teile der Provision einlegt. Das vernebelt aber das eigentliche Problem: Denn es kommt im Vermittlungsprozess unweigerlich zu der Frage des »kritischen Investors«, ob und mit welchem Volumen der Vermittler selbst in diese einzigartige Chance investiert ist. Kommt da die falsche Antwort, bleibt der Vermittlungserfolg aus. Die simple Analyse des »kritischen Investors«: Wenn noch nicht einmal der Vermittler, der ja ganz dicht an der Innovation dran zu sein vorgibt, investiert, wieso soll ich dann investieren. Die Ablehnung hat also ihre Ursache leider allzu oft in dem fehlenden Commitment des Vermittlers, statt in der Ausgestaltung des Geschäftsmodells oder der Innovation an sich.

Ebenso bösgläubig dürfen »Retainer« und der Wunsch nach der separaten Reisekostenabrechnung machen. Rechnet dafür einfach mal die Provision im Erfolgsfall hoch. Dann werdet Ihr feststellen, dass sowohl »Retainer« als auch Reisekosten aufgerundet werden müssen, um es auf das Niveau eines Rundungsfehlers zu schaffen. Ansonsten sind diese Gebühren im Verhältnis zur Provision lächerlich. Entsprechend gering ist also die Selbsteinschätzung der Erfolgsaussichten des Vermittlers, der Euch da gerade gegenübersitzt.

Die Exklusivität ist ein weiteres Problem. Sie solltet ihr nur mit größter Vorsicht zugestehen. Das hat etwas damit zu tun, wie sich der Vermittleralltag nach der Unterschrift unter die Provisionsbedingungen gestaltet. Weil sich der Vermittler oftmals leider gar keine Notizen macht, stellt er zwar vielleicht noch den Kontakt zu einem potentiellen Interessenten her, aber spätestens danach muss der Innovator selbst übernehmen. Schließlich kann er die Dinge ja viel besser vermitteln und auf die »kritischen Fragen« sehr viel besser reagieren. Das ist Unsinn, denn das bedeutet nichts anderes, als dass Ihr ab diesem Zeitpunkt den Job des Vermittlers macht – ohne, dass er Euch dafür etwas von seiner Provision abgibt. Das ist überaus unbefriedigend. Zudem gilt gerade für große Unternehmen, dass der Vermittler bei Exklusivität auf irgendwen – auch als Kaltkontakt, denn die Kontaktqualität könnt Ihr nicht überprüfen – zugeht, nur um fortan bei jedem möglichen Geschäft die Provision einstreichen zu können.

Die klare zeitliche Begrenzung des Engagements, eine iterative Überprüfung der Lernkurve sowie des Erfolgs und eine zügige Trennung bei Nichterfolg sind die einzigen Instrumente, die dem Innovator in einer solchen Gemengelage noch bleiben. Natürlich fällt das schwer. Eine Alternative dazu ist eine klare Verbindlichkeit in der Kommunikation. Macht Euch rar, sobald Ihr merkt, dass Ihr einen Zeitfresser beschäftigt. Sorgt dafür, dass dieser Vermittler möglichst keine weiteren Kreise zieht.

Eine besondere Steigerung zum Vermittler sind solche, die sich aus einer Vermittlerrolle als Berater aufdrängen. Das sind die Trittbrettfahrer, die sich in Eurem Umfeld wichtig machen und mit Eurer Innovation und ihrem vermeintlichen Beratungsmandat kokettieren. Dazu zählen auch solche, die vermeintlich entsendet werden, weil ein paar ganz scheue Investoren sie persönlich gebeten haben, die Vor-Ort-Überprüfung umzusetzen. Ärgerlich sind Trittbrettfahrer auch dann, wenn Sie Euch für kostenloses

Consulting missbrauchen. All das hilft Euch nicht weiter, verbraucht Eure Ressourcen und kostet Euch Energie. Das solltet Ihr abdrehen.

Worum es geht

Vermittler versprechen zu Beginn das Blaue vom Himmel. Das tun sie, damit sie möglichst weitreichende Zugeständnisse von Euch bekommen. Die Ernüchterung lässt meist nicht lange auf sich warten. Dies umso wahrscheinlicher, je weniger der Vermittler committed ist. Diesem Wildwuchs solltet Ihr einen Riegel vorschieben. Engagements dieser Art auf das mögliche Minimum reduzieren und konsequent den Erfolg überprüfen. Einen Lackmustest auf die Belastbarkeit des Vermittlers bekommt Ihr, indem Ihr nach seinem eigenen Investment in Eure Firma fragt. Die Antwort zeigt Euch ungeschminkt, woran Ihr seid.

Es empfiehlt sich darüber hinaus, vor einer breiten »Offensive« einen gemeinsamen Test zu fahren. Einen ersten Kontakt gemeinsam anzugehen, um zu sehen, ob der Vermittler alles verstanden hat, was er sich in der Regel ohnehin nicht notiert hat. Solche »Super Brains« kommen immer wieder mit denselben Fragen auf Euch zu. Seid nicht verwundert oder verärgert, sondern gebt ihnen plakativ einen Stift und einen Block. Das hilft beim Aufwachen.

Ihr merkt, dass ich Vermittlern kritisch gegenüberstehe. Das liegt daran, dass wir tatsächlich hart lernen mussten, dass kein einziger Vermittler, der nicht auch selbst bei uns eingelegt hat, auch nur einen einzigen Vermittlungserfolg erzielt hat. Das macht auf Dauer mürbe, weil jedes Briefing, jedes anfängliche Interesse wieder neue Hoffnung weckt, dass es diesmal anders sein könnte. Ist es aber nicht.

Das beste Mittel für uns war, ist und bleibt Kommunikation. Bringt Euch ins Gespräch über die Medien, macht auf Euch aufmerksam. Dann habt Ihr eine Chance gefunden zu werden.

How to read

»VERMITTLER UND TRITTBRETTFAHRER«

› Für was beschäftige ich heute Vermittler?

› Wofür brauche ich Vermittler eigentlich genau?

› Welche Vereinbarungen verlangen sie von mir?

› Bin ich bereit, meine Ressourcen in die Vermittler zu investieren?

› Verkaufen meine Vermittler überhaupt und kompetent das, was ich anzubieten habe, oder werde ich von den Vermittlern für die Erledigung ihres Jobs missbraucht?

› Welche Vermittler verstehen meine Innovation und mein Geschäftsmodell, bevor sie mir Versprechungen machen und losziehen?

› Bin ich mir darüber im Klaren, dass Vermittler, die meine Innovation nicht ausreichend begeistert und die von meinem Geschäftsmodell nicht überzeugt sind, von vorneherein keine Erfolgschance haben und nur Zeitfresser sind?

DIE ENTTÄUSCHUNG IMPACT INVESTOR

Was steckt drin

Impact. Das ist etwas, wovon jeder Innovator träumt. Einen nachhaltigen Effekt erzeugen. Wie schön, dass es auch Investoren gibt, die sich genau das auf die Fahne schreiben. Impact. Sie adressieren genau das, was wir Innovatoren mitbringen. Sie helfen uns dabei, diesen nachhaltigen Effekt zu erzeugen. Sie sind nicht nur Geldgeber, sondern sehen sich als Teil der Idee. Denn sie teilen dasselbe Ziel. So zumindest der erste Eindruck. Wenn es dann aber zu den Konditionen kommt, zu denen sie sich engagieren könnten, stellt man fest, dass sie sich tatsächlich gar nicht von denen unterscheiden, die man von regulären Investoren angeboten bekommt. Wie man mit dieser Enttäuschung umgeht und nicht ins offene Messer läuft, darum geht es in dieser Episode.

Die Episode

Wir alle haben irgendeine Art inneren Antrieb. Wir folgen einem inneren Plan. Manche von uns bewusster als andere. In jedem Fall ist der innere Antrieb, einen bleibenden Beitrag für die Entwicklung der Welt zu leisten, oftmals eine wesentliche Triebfeder dafür, sich auf den beschwerlichen und entbehrungsreichen Weg der Umsetzung einer Innovation zu begeben. Umso schöner fühlt es sich da an, wenn man unter all den Investoren einmal auf Menschen trifft, die diese Perspektive teilen. Die die Notwendigkeit, einen Beitrag für eine bessere Welt zu leisten, ebenso spüren, wie der Innovator selbst. Die Perspektiven ergänzen sich, schnell entsteht ein Gefühl der inneren Verbundenheit und Nähe. Ein Match.

Umso schroffer trifft einen die Erkenntnis, dass die Gemeinsamkeiten bei der Finanzierung jäh aufhören. Denn dann geht es auf einmal nur noch um Rendite. Und klar ist, dass man ja in ganz vielen Bereichen einen Impact erzeugen kann: KI, Biotech, Food und Defense machen der Energiewende natürlicherweise Konkurrenz um die Investitionsmittel. Da hilft auch keine wohlgesonnene Grundüberzeugung, dass es eine Energiewende braucht. Es gibt dann auf einmal auch gar keine gemeinsame Überzeugungsbasis mehr. Nur noch Rendite. Der Innovator soll sich schon einmal darauf einstellen, dass für ein Darlehen mit dem Risiko einer Innovation ein Zinssatz von bis zu 15 % pro Jahr angeboten werden muss, damit Investoren überhaupt bereit sind, ihr eigenes Geld oder das ihrer Hintergrund-Investoren auf diese Innovation zu setzen. Welcher Business Case gibt einen derart unverschämten Zinssatz denn her? Diese dreiste Forderung steht in einem deutlichen Widerspruch zu der Anforderung, dass man zu wettbewerbsfähigen Preisen anbieten soll. Preisführerschaft ist nämlich in der Regel der »no-brainer«, damit man es auch sicher in den Markt schafft. Wenn die Innovation allerdings noch – dem Beginn der Produktion geschuldet – außerhalb der Reichweite der Größenvorteile, der economies of scale, operiert und zusätzlich mit dieser Zinslast beschwert wird, dann ist es mit der Endlichkeit des Impacts nicht mehr weit her.

Impact Investoren verstehen sich als Menschen, die grundsätzlich etwas Gutes wollen, die sich Zeit nehmen, die Risiko übernehmen – und dann eine Due Diligence machen, wie jeder normale Investor auch. Der Impact gereicht so schnell zum Etikettenschwindel, zumal es Finanzierungsinstrumente gibt, die zu wesentlich günstigeren Konditionen vergeben werden. »Soft Loans« heißen solche Instrumente, die einen Zinssatz weit unter dem Marktschnitt anbieten. Sie sind in der Regel für Entwicklungsländer gedacht, werden aber auch Innovatoren zugänglich gemacht – wenn man auf echte Impact Investoren trifft. Für alle anderen behaupte ich pauschal, dass sie den Impact nutzen, um eine höhere Chance zu haben, bei den Innovatoren mit ihren durchaus zu »normalen« Investoren vergleichbaren Konditionen zu landen. Für mich fühlt sich das wie Missbrauch an, da solche Menschen mit meiner inneren Überzeugung spielen und mich gleichzeitig ihre Dreistigkeit intellektuell krass unterfordert. Welch Chuzpe, davon auszugehen, dass diese Finte nicht durchschaut wird?

Konfrontiert man solche Impact Investoren mit den verfügbaren, deutlich günstigeren Optionen, setzt folgende Frage noch die Kirsche auf die Sahnetorte: Wieso sollten diese Investoren zu solchen Konditionen anbieten? Dazu meine Sicht: Vielleicht, weil sie – im Gegensatz zu dem aktuellen Gesprächspartner – tatsächlich an einem Impact interessiert sind. Eine Replik, nach der es im Gespräch doch merklich kälter wird, die aber dennoch nötig ist. Denn ein Einigungskorridor für die Konditionen wurde ja ohnehin nicht geöffnet.

Worum es geht

Impact Investoren unterscheiden sich von »normalen« Investoren dadurch, dass die sie Überzeugung teilen, dass Innovationen einen nachhaltigen Effekt für eine bessere Welt leisten können. Diese Grundüberzeugung verbunden mit der Finanzstärke zur Finanzierung der Innovation ist für viele Innovatoren ein »perfect match«, eine Wunschehe.

Vorsicht ist geboten, wenn diese gemeinsame Überzeugung lediglich das Etikett auf der Verpackung ist. Das ist daran zu erkennen, dass sich die Konditionen solcher vermeintlichen Impact Investoren von denen »normaler« Investoren nicht unterscheiden, teilweise sogar schlechter sind. Der Begriff der »Enttäuschung« hat sprachlich etwas zu tun mit der Enttarnung einer Täuschung und ist in diesem Zusammenhang eine gute und wichtige Erkenntnis. Niemand braucht diese Mogelpackung. Und sie ist – selbst wenn der Schulterschluss der Überzeugung noch gelingt – ein guter Grund, nicht weiter in diese Richtung zu gehen.

Echte Impact Investoren dagegen sind solche, die tatsächlich Eure Überzeugung teilen. Mit ihnen besprecht ihr nicht im Wesentlichen deren Rendite. Mit ihnen könnt Ihr offen besprechen, was es für Euer Gelingen braucht. Hier herrschen Transparenz, wechselseitiges Verständnis und Vertrauen – die Pfeiler einer auf Dauer angelegten Zusammenarbeit.

Prüft also sorgfältig, ob ihr das zu hören bekommt, was Ihr tatsächlich hören wollt, oder ob das, was Ihr hört, belastbar zu dem passt, was Ihr braucht. Dazwischen gibt es einen gehörigen Unterschied. Gereicht der Impact zum Etikettenschwindel, lasst die Finger davon, denn dann stimmt auch der Rest nicht – und Ihr seid im Hamsterrad der Geldvermehrung für andere und damit meilenweit entfernt von Eurer Innovation. Haltet den Fokus, auch wenn Ihr von dem positiven Gefühl überwältigt werdet, das die Zustimmung zu Eurem inneren Antrieb auslöst. Missbrauch beginnt oft mit einem Bonbon, nehmt dieses nicht an – es ist zu offensichtlich.

How to read

»DIE ENTTÄUSCHUNG IMPACT INVESTOR«

› Was ist mein innerer Antrieb?

› Was sind meine Grundüberzeugungen, an die andere leicht anknüpfen können?

› Wie kann ich überprüfen, ob der Impact Investor es ernst meint?

› Kann ich die Konditionen des Impact Investors mit denen herkömmlicher Investoren vergleichen?

› Wie immunisiere ich mich gegen den Sirenen-Gesang der Etikettenschwindler?

› Wie stelle ich sicher, dass ich nicht jeden Impact Investor über einen Kamm schere?

› Bin ich bereit, in jede dieser Diskussionen transparent und mit dem nötigen Vertrauen zu gehen, was die Grundvoraussetzung für jeden echten Impact ist?

JA, KEIN IPO

Was steckt drin

Wenn Start-ups an die Börse gehen, gibt es regelmäßig einen Sturm der Begeisterung. IPO, also Initial Public Offering, heißt der Börsengang in Kurzform. Ein weiterer Durchbruch. Eine weitere Goldader, an der man über die Börse mitschürfen kann. Den Gründern steht die Erleichterung ins Gesicht geschrieben, wenn sie ihren ersten Handelstag auf dem Parkett feiern. Schließlich ging diesem freudigen Ereignis eine Zeit der intensiven Vorbereitung voraus. Blut, Schweiß und Tränen. Ist es dann geschafft, zieht Innovation geradezu magisch an. Dennoch entpuppt sich die anfängliche Begeisterung allzu oft als Strohfeuer. Denn viele dieser Innovationen bleiben plötzlich hinter den Erwartungen der Anleger zurück. Der Druck der Börse ist enorm und bisweilen übermächtig. Es gibt zwei Seiten dieser Medaille: An die Börse gehen und an der Börse sein. Warum man sich diesen Schritt sehr genau überlegen und rechtzeitig seine Vorkehrungen treffen sollte, darum geht es in dieser Episode.

Die Episode

»Wann plant Ihr Euren IPO?« Das ist eine Frage, die von Euren Investoren so sicher kommt wie das »Amen« in der Kirche. Aber was hat es damit auf sich? Warum fragen die meisten Investoren danach? Was bedeutet das für die Innovation und für das Unternehmen? Das sind schon einmal die richtigen Fragen für eine kritische Auseinandersetzung mit dem Thema Börsengang.

Beginnen wir vorne. Bevor man überhaupt einen Börsengang ins Visier nehmen kann, muss die Innovation einen Reifegrad erreicht haben, der den Schritt an die Börse überhaupt erst möglich macht. Ja, an der Börse wird die Zukunft gehandelt. Und ja, die Börse ist grundsätzlich nervös. Auch wenn Eure Idee eine glorreiche Zukunft haben kann, so müsst Ihr die Börse davon überzeugen. Die Idee allein reicht dazu nicht. Selbst bei den SPACs, den Special Purpose Acquisition Companies, denen die Idee fehlt, sind es die erfahrenen Gründer, denen man zutraut, mit dem eingesammelten Geld ein chancenreiches Portfolio an Unternehmensbeteiligungen aufzubauen. Es geht also um Überzeugung. Erst dann hat der Schritt an die Börse überhaupt eine Aussicht auf Erfolg.

Wenn also vor dem Börsengang bereits viele Hausaufgaben erledigt werden mussten, ist es durchaus wahrscheinlich, dass diese Vorbereitung bereits einiges gekostet hat. Ebenso wahrscheinlich ist die Annahme, dass diese erforderlichen Investitionen durch das Kapital von Investoren ermöglicht wurden, die natürlich an Ihrer Rendite interessiert sind. Genau darum geht es ja auf der Finanzseite der Innovation. Ein Börsengang bietet für die Investoren der ersten Stunde die Möglichkeit, den Wert Ihrer Anteile deutlich zu steigern. Er bietet auch – abhängig von den Regeln, die sich das Unternehmen für den Börsengang gegeben hat – die Chance, im Hype des Börsengangs durch Verkauf der eigenen Aktien das eingesetzte Kapital zurückzuerhalten und eine anständige Rendite zu erzielen. Mit etwas Glück bleiben dann immer noch genug Anteile über, die ab sofort eine Chance ohne jedes Risiko sind. Der Teilexit dieser Investoren gibt ihnen die Freiheit zurück, in weitere Vorhaben zu investieren, und belohnt sie mit der Chance aus den zusätzlich gewonnenen Aktien.

So weit, so gut. Jetzt beginnt die zweite Phase: An der Börse sein. Das ist für junge Unternehmen eine ganz andere Liga. Es gibt umfangreiche Berichtspflichten und Regularien, die zu beachten sind. Das Shareholder-Management rückt in den Fokus. Es geht darum, jeden Tag aufs Neue die Begeisterung zu bestätigen, damit die Anleger an die Innovation glauben, damit der Kurs weiter steigt. Jeder Fehler, jede Unsicherheit wird sofort bestraft. Und zwar durch einen fallenden Kurs. Dieser Druck ist enorm. Er ist ein hoher Preis für die Befriedigung der Renditeinteressen der eigenen Investoren.

Deshalb ist es von entscheidender Bedeutung, warum Ihr eigentlich genau mit Eurer Innovation an die Börse wollt. Immerhin ist der größte Teil aller Unternehmen weltweit nicht an der Börse. Folgt man den Wahrscheinlichkeiten, ist der Gang an die Börse also eher eine Ausnahme, die gut überlegt sein will. In den Gesprächen mit Investoren verschiebt sich jedoch diese Realität. Hier wird oftmals suggeriert, dass eine Innovation nur erfolgreich ist, wenn sie mit einem Börsengang verbunden ist. Das ist eine gefährliche Hypothese, wie viele Unternehmensentwicklungen belegen. Die uneingeschränkte Empfehlung zum Börsengang, die dargestellte Alternativlosigkeit des Börsengangs, resultieren in der Regel aus dem Interesse des Ratgebers an einem lukrativen Teilexit oder gar vollständigem Exit. Die Börsenweisheit gibt hier vordergründig Recht: Es ist noch kein Investor an realisierten Gewinnen bankrott gegangen.

An der Börse wird die Zukunft gehandelt. Das sind Erwartungen an das Potenzial der Innovation und an die Marktentwicklung im Innovationsumfeld. Lasst es uns einmal konkret an unserem eigenen Beispiel durchspielen. Für unsere Technologieentwicklung brauchen wir nicht mehr als 30 Personen. Unser Geschäftsmodell der Lizenzierung skaliert mit der Produktion unserer Lizenznehmer. Wir können daraus alle Aktivitäten finanzieren, die wir auf unserer Roadmap der Technologieentwicklung bereits vorgesehen haben. Wofür also ein Börsengang? Für das Beispiel schieben wir diese Frage einmal an die Seite und beantworten sie später. Gingen wir mit dieser Geschichte an die Börse, stünden wir nach dem Sturm der Euphorie im Vergleich mit anderen Technologieentwicklern im Batterieumfeld. Die beschäftigen alle sehr viel mehr Mitarbeiter und haben auch alle sehr viel mehr Geld. Das nährt Zweifel daran, wie wir uns denn in diesem Umfeld behaupten wollen. Die Risikosicht gewinnt die Oberhand. Die Börse verliert die Zuversicht und entzieht uns das Vertrauen. Das Ergebnis: Eine Kurserosion mit dem Risiko zum Penny Stock zu verkommen. Das ist der Worst Case für jedes Unternehmen an der Börse. Das Ende der Geschichte. Ab dem Moment hat die Innovation einen Zettel am Zeh wie eine Leiche in der Gerichtsmedizin.

Zurück also zu der Frage, wozu ein Börsengang also nützlich sein soll. Ein Börsengang bietet die Möglichkeit zur Kapitalaufnahme. Er ist damit eine alternative Finanzierungsstrategie. Davon profitieren besonders etablierte Unternehmen, die über Kapitalerhöhungen auf Aktien neue

Vorhaben finanzieren. Dafür muss die Geschichte aber so robust sein, dass das Vertrauen der Börse zumindest auf mittlere Sicht nicht erschüttert werden wird. Es braucht also Sicherheit als engsten Verbündeten der Zuversicht. Genau die ist bei Innovationen auch in diesem Stadium noch der entscheidende Engpassfaktor. Vergesst den entscheidenden Nachteil der Innovation nicht, nämlich den, dass es vorher noch keiner gemacht hat. Deshalb ist der Börsengang selbst auch keinesfalls eine Geling-Garantie wie bei einem Fertig-kuchen. Er verteilt die Hoffnung nur auf viel mehr Schultern und verteilt die Risiken der Ursprungsinvestoren neu – und zwar ganz im Sinne derer, die von diesem Schritt durch einen Teilexit oder einen kompletten Exit profitieren.

Für uns steht mit Blick auf unser Geschäftsmodell, den erwarteten Ressourcenbedarf und das Penny-Stock-Risiko fest: »Yes, we don't plan an IPO.« Diese Botschaft hätten wir sogar beinahe auf dem großen Screen der NASDAQ am Times Square in New York platziert, hätte da nicht ein Ver-antwortlicher noch einmal genau hingeschaut. Seine Be-gründung für einen full stop dieses Commercials war ein eigenes Highlight für uns: »Das wäre ja so, als würde Burger King auf einem Screen von McDonald's Werbung machen!« Wir haben uns für das versöhnlichere Modell eines Weih-nachtsbaums entschieden. Ein Format, das so gut ankam, dass die NASDAQ uns bereits gefragt hat, ob sie diese Idee auch für andere Partner verwenden dürfe.

Unser Modell sieht im Gegensatz zu dem Börsengang eine konsequente Hochdividendenpolitik vor. Aufgrund der Ska-lierung mit der Produktion und der überschaubaren Kosten für unser Kerngeschäft der Technologieentwicklung können wir einen veritablen Teil unseres Jahresüberschusses als Dividende an die Aktionäre auskehren. Damit reihen wir uns auch ohne Börsengang in diejenigen Werte ein, die aufgrund hoher Dividenden für eine Grundsicherung mit ins Aktienportfolio genommen werden. Mit dem feinen Unterschied, dass man unsere Aktien nicht an der Börse kaufen kann. Aufgrund der limitierten Aktienzahl und des Verzichts auf Kapitalerhöhungen auf Aktien, also des Verzichts auf Verwässerung, muss die Entscheidung zum Beitritt in unser Aktionariat lediglich rechtzeitig getroffen werden. Wir nennen unser Aktionariat deswegen auch den HPB Club.

Worum es geht

Der Börsengang, Kurzform IPO, ist ein Instrument mit einer besonderen Strahlkraft. Besonders aus Sicht der Investoren, die vorher an Bord kommen. Bietet er doch die Chance, durch einen Teilexit, also einen Teilverkauf der eigenen Anteile, die eigene Investition wieder zurückzuerhalten und eine attraktive Rendite zu erzielen. Und das unter Erhalt einer Restmenge von Aktien, die fortan die Teilhabe an der Chance ohne weiteres Risiko für den Investor ermöglicht.

Bei Eurer Beurteilung der Vorteilhaftigkeit eines Börsengangs für Euch und Eure Innovation solltet Ihr weitsichtiger aufgestellt sein. Denn der Börsengang ist alles andere als eine Geling-Garantie, wie auch Eure Innovation alles andere als ein Fertigkuchen ist. Was ist die Vorteilhaftigkeit des Börsengangs für Euer Unternehmen, für Eure Innovation? Setzt bei der Beantwortung dieser Frage Scheuklappen auf. Fokussiert Euch auf genau diese eine Frage. Alles andere ist vollkommen zweitrangig. Denn wenn er nicht vorteilhaft für Euer Unternehmen und Eure Innovation ist, dann ist er ein Risiko für Euren Erfolg und insofern in Eurem konkreten Fall nachteilig – egal was Euch alle anderen ein-zureden versuchen.

Bindet Eure Investoren in die Beantwortung dieser Frage ein. Ihr werden von den richtigen Investoren wertvolle Hinweise bekommen. Diejenigen, die nur auf ihren eigenen Vorteil schauen, werden sich dadurch zu erkennen geben, dass sie bei der Beantwortung dieser Frage nicht helfen können.

How to read

»JA, KEIN IPO«

› Wer treibt aktuell bei uns die Idee eines Börsengangs voran?

› Was wäre der Vorteil für unser Unternehmen und unsere Innovation?

› Sind wir uns ausreichend sicher, dass wir das wollen und können?

› Haben wir unsere Hausaufgaben gemacht?

› Haben wir die richtigen Menschen für diese neue Herausforderung an Bord?

› Was bedeutet dieser Schritt für alle unsere bisherigen Abläufe?

› Was können wir gewinnen und was können wir verlieren?

ALLMACHTSFANTASIE ÜBER GESCHÄFTSMODELL

Was steckt drin

Google, Amazon, Tesla und Co sind Beispiele für einen außergewöhnlichen unternehmerischen Erfolg. Die Unternehmer sind mit Ihren Unternehmen märchenhaft reich geworden. Sie haben einen ungeheuren Einfluss und enorme Gestaltungsmöglichkeiten. Deshalb gereichen sie schnell als leuchtende Vorbilder. Ihr Vorgehensmodell ist rückwirkend betrachtet naheliegend und aus heutiger Sicht geradezu alternativlos. Diese Sicht suggeriert allerdings, dass solche Unternehmen schon zu Beginn am Reisbrett entworfen worden sind und es lediglich galt, diesen Plan konsequent umzusetzen. Warum gerade das Geschäftsmodell eine entscheidende Rolle spielt, darum geht es in dieser Episode.

Die Episode

Die Potenziale einer Idee müssen früher oder später beziffert werden. Investoren und Innovatoren brauchen einen Rahmen, an dem sie sich ausrichten können. Eine beliebte Methode ist die Idee des »fair market share«. Diese Idee verbindet zwei positive Perspektiven: Einerseits gilt der Grundsatz »wo kein Wettbewerb, da kein Markt«. Es ist also gut, wenn man den Markt beschreiben und sich in das Wettbewerbsumfeld einsortieren kann. Andererseits hat die Innovation das Potenzial, dem Wettbewerb einen Anteil des aktuellen Marktes wegzunehmen und sogar zusätzlich den Markt zu erweitern oder gar neue Märkte zu eröffnen. Bei dieser Vorgehensweise kommt man von der Eingrenzung des relevanten Marktes zur Abschätzung des Marktvolumens, das man je nach eigenen Fähigkeiten auf den tatsächlich adressierbaren Markt reduziert, von dem man dann einen Anteil, den »fair market share« für sich und seine Innovation buchhalterisch vereinnahmt. Keine einfache Übung. Allerdings steht am Ende eine Zahl. Das Ambitionsniveau, die Messlatte, an der man sich und seine Aktivitäten ausrichten kann.

Je größer und bedeutender die Innovation, desto größer ist der adressierbare Markt und desto größer der »fair market share«. Spätestens jetzt sollte man einmal innehalten und überlegen, welche Voraussetzungen geschaffen werden müssen, um diesen »fair market share« überhaupt zu erreichen. Wenn dabei herauskommt, dass diese Voraussetzungen realistisch allein nicht zu stemmen sind, ist es an der Zeit, die gewählten Vorbilder zu hinterfragen, sofern es Google, Amazon, Tesla und Co sind. Denn ab dieser Erkenntnis kippt ein fortgesetzter »Alleingang« von der Chance in die Kategorie der »Allmachtsfantasie«. Gefangen in dieser Fantasie stehen einem unbegrenzte Ressourcen zur Verfügung, alle im Umfeld begrüßen das eigene Tun und Restriktionen sind nur eine Randnotiz auf dem Zeitstrahl. Wenn dieses Kartenhaus in sich zusammenfällt, wird es für alle Beteiligten unangenehm. Denn eine offene Feedbackkultur ist unterwegs schon längst verloren gegangen.

Eine Alternative zu der Falle der Allmachtsfantasien ist das Geschäftsmodell. Hier gehören die Chancen verankert, die die Innovation für ihre Förderer bietet. Förderer sind in diesem Zusammenhang übrigens die Innovatoren selbst, Investoren, Kunden, Anwender und Partner, die bei der Umsetzung helfen. Machen wir es konkret: Wir haben mit unserem HPB Feststoffakku eine Innovation in der Hand, die die Welt verändern kann. Geschaffen für eine nachhaltige Energie- und Mobilitätswende. Die Kerneigenschaften sicherer, langlebiger und grüner sind eine solide Grundlage für einen noch solideren »fair market share«. Konsequenterweise haben wir unseren HPB Festionenleiter in 96 Ländern der Welt zum Patent angemeldet. Wollten wir das Potenzial in den unterschiedlichen Anwendungsfeldern und den vielfältigen Märkten allein heben, müssten wir enorme Produktionskapazitäten selbst aufbauen. Wir bräuchten dafür Investitionssummen, die weit jenseits unserer Verfügbarkeit liegen. Schlicht, es wäre zum gegenwärtigen Zeitpunkt vollkommen unrealistisch, auf den Pfad des Alleingangs und damit der Allmachtsfantasie zu setzen. Vernünftiger erschien es uns deshalb, das Geschäftsmodell so aufzusetzen, dass wir uns auf das konzentrieren, was wir sehr gut können: Technologieentwicklung. Darauf aufsetzend bot es sich an, unsere Technologie auf dem Wege der Lizenzierung solchen Partnern anzubieten, die ihre eigenen Märkte kennen und mit unserer Technologie erschließen wollen. Partner, die unsere Alleinstellungsmerkmale, die viel zitierten USPs, für eine bessere eigene Positionierung nutzen und damit auch unseren Erfolg beflügeln können. Von der Anwenderseite kommend haben wir festgestellt, dass die Endkunden unserer Technologie in der Regel nicht direkt beim Batteriehersteller ihren Speicher kaufen werden. Wir haben also die Rollen von Herstellern und »Inverkehrbringern«, das sind die Verkäufer an die Endkunden, voneinander getrennt und unterscheiden seither in Lizenzen für Anwendungsfelder und Lizenzen für die Produktion. Für den besonderen Fall der Elektromobilität gibt es den Trend zur Eigenproduktion seitens der Automobilindustrie. Damit verbunden ist deren eigene Batterieentwicklung. Wenn wir in diesem Markt eine Rolle spielen wollen, müssen wir uns noch stärker fokussieren. Denn wir wollen keine Batterieentwicklung für die Automobilindustrie machen. Daraus haben wir unser drittes Lizenzgebiet abgeleitet: die Lizenz über unseren HPB Festionenleiter als eine relevante Komponente für die Zellentwicklung der Autobauer.

Unser Geschäftsmodell setzt damit konsequent auf Kooperation statt auf Alleingang. Darin sind wir sehr klar und sehr konsequent. Spannend wird es, wenn unser Geschäftsmodell durch unsere Lizenznehmer oder Lizenzinteressenten »auf die Probe« gestellt wird. Dann beginnen wir wieder bei null: Die Allmachtsfantasie hält Einzug und versucht unser Geschäftsmodell durch die Hintertüre zu kapern. Ein Lowlight der besonderen Art illustriert dieses Phänomen und die Notwendigkeit für Klarheit, Transparenz und Konsequenz. Im Rahmen der Finanzierung der Produktion einer unserer Lizenznehmerinnen ging es zunächst um die tatsächliche Finanzierung der ersten Produktion. Je klarer das

Potenzial unserer Technologie durch den Investor verstanden wurde, desto umfangreicher wurden auch die Vorstellungen darüber, was man alles in der Rolle des Lizenznehmers umsetzen könnte. Vom Franchise-Modell über Consulting für andere Lizenznehmer mit Kontrahierungszwang bis hin zu einer weltweiten Exklusivität für Windkraft- und Solarstrompufferung. Es wurde immer gigantischer. Der Kapitalbedarf lag schnell im Milliardenbereich. Als es darum ging, die Verträge dafür einmal auf Umsetzbarkeit zu prüfen und wir neben einem adäquaten Commitment auch einen Kapitalnachweis und eine Marktangangsstrategie sehen wollten, fielen wir ebenso schnell in Ungnade wie unsere Technologie zu Allmachtsfantasien geführt hatte.

Eine solche Entwicklung der Diskussion ist für die Umsetzung einer Innovation nicht vorteilhaft, da der Kapitalbedarf sehr schnell so hoch wird, dass ein kurzfristiger Start immer schwerer, die zugehörigen Verträge immer komplexer und der Ressourcenverbrauch im Rahmen der Anbahnung immer ausufernder wird. Solche Entwicklungen sind am Ende des Tages schlicht und ergreifend nicht umsetzbar. Es fehlt der anfassbare Start. Der Beginn einer gemeinsamen Reise. Immer wieder sehen wir uns der Diskussion ausgesetzt, dass wir die Umsetzung der Technologie als Konzern organisieren müssten. Als ein Geflecht aus Mehrheitsbeteiligungen, mit denen man aus der Technologie sehr viel mehr für die Aktionäre herausholen könnte. Diese Diskussion verkennt regelmäßig, dass der Aufbau von Batterieproduktionen weltweit mit enormen Kosten verbunden ist. Diese Mittel müssten am Kapitalmarkt eingeworben werden. Umfangreiche Berichtspflichten wären zu erfüllen, man wäre dem freien Spiel der Kräfte an der Börse ausgesetzt. Und am Ende des Tages hätte man viel eher ein großes Klumpenrisiko statt einer besseren Markterschließung im Sinne der Aktionäre. Der fatale Gedanke, der dahintersteckt, ist der, dass man alles allein und vor allem besser als andere kann. Ganz so, wie es einem die großen Vorbilder vormachen. Allmachtsfantasie »at its best«.

Worum es geht

Ex post, also im Nachhinein, hätte es jeder genauso gemacht wie die super erfolgreichen Unternehmer hinter Google, Amazon, Tesla und Co. Ex ante, also von heute in die Zukunft, ist das ein beliebiges Glücksspiel. Denn eine Innovation entwickelt sich über die Zeit. Sie wächst an ihren Herausforderungen und jeden Tag eröffnen sich neue Chancen und Risiken. Ist das Ambitionsniveau überreizt, wird es schwer, auch nur in die Nähe der Umsetzung zu kommen. Vielmehr steigen Druck und Stress und der anfängliche gute Spirit der Gründung und der Innovation gehen verloren.

So weit muss es gar nicht kommen. Wenn Ihr bei aller Euphorie über die enormen Chancen der eigenen Innovation einmal innehaltet und Euch fragt, wie genau dieses ganz große Rad gedreht werden soll, dann werdet Ihr feststellen, dass die Nuss möglicherweise noch zu hart ist. Dann ist es an der Zeit, das eigene Geschäftsmodell zu überprüfen. Geht es leichter? Ist es vorteilhaft, den Zuschnitt des Geschäftsmodells zu ändern? Ist es zielführend, mit Partnern die Ressourcen zu bündeln und Restriktionen zu überwinden? Das sind Fragen, die Euch dabei helfen, die notwendige Klarheit in Eurem Geschäftsmodell zu verankern. Und diese Klarheit macht Euch immun gegen die Allmachtsfantasien von außen. Die Gewinnung der richtigen Investoren ist schon schwer genug. Die Abwehr von Allmachtsfantasien wird allerdings mit der Zeit immer lästiger. Enttarnt Allmachtsfantasien dadurch, indem Ihr sie gemeinsam mit dem Ideengeber in die kurzfristige operative Realität übersetzt. Ihr werdet sehen, wie heilsam kurz dieser Ausflug werden wird, wenn die Belastbarkeit der dafür erforderlichen finanziellen Mittel fehlt. Dann bleibt Euch immer noch der Einstieg in eine ganz normale Zusammenarbeit zum wechselseitigen Vorteil. Und das ganz ohne Rückgriff auf Allmachtsfantasien.

How to read

»ALLMACHTSFANTASIE ÜBER GESCHÄFTSMODELL«

› Wie »unermesslich groß« erscheint mein »fair market share«?

› Wie sehr beflügelt meine Innovation die Gedanken meiner Partner im Sinne von »Allmachtsfantasien«?

› Wie sehr bin ich selbst davon überzeugt, dass ich alles allein und besser kann?

› Habe ich für die Umsetzung meiner Innovation allein die ausreichenden Mittel?

› Welche Risiken ergeben sich abseits der »unermesslichen« Chancen aus dem Pfad der Eigenrealisierung aller Potenziale?

› Wie kann ich mich, meine Innovation und mein Geschäftsmodell gegen die »feindliche Übernahme« durch Allmachtsfantasien immunisieren?

› Was gewinne ich, wenn ich die Potenziale meiner Idee auf verschiedene unabhängige Partner aufteile?

DAS SCHMUTZIGE GESCHÄFT DER FÖRDERUNG

Was steckt drin

Förderung ist ein Privileg. Es handelt sich um eine Unterstützung von außen zu besonders vorteilhaften Konditionen. Es gibt private Förderer und die öffentliche Hand, also Förderung durch den Staat und damit letztendlich durch den Steuerzahler. Private Förderer decken ein breites Spektrum der Unterstützung ab. Dies reicht vom Coaching über Vernetzung bis hin zur finanziellen Förderung. Hier setzt jeder Förderer seine eigenen Regeln. Solche Förderer unterscheiden sich von Investoren dadurch, dass ihr innerer Antrieb vielschichtiger als die eigene Geldvermehrung ist. Die Förderung aus öffentlichen Mitteln scheint dagegen ein Füllhorn für finanzielle Mittel zu sein, die nach klaren und transparenten Regeln ausgeschüttet werden. In dieser Episode geht es um einen Reality-Check für diese Idealvorstellung.

Die Episode

Grundsätzlich greift die Förderung dort, wo andere Mittel nicht oder noch nicht zur Verfügung stehen. Sie soll eine Lücke schließen, die ansonsten viele Ideen und Innovationen aufgrund eines noch fehlenden, etablierten wirtschaftlichen Interesses allein nicht überwinden könnten. Das Spektrum ist riesig. Für nahezu jede Idee gibt es irgendeine Förderung. Entsprechend riesig ist auch dieser »Wirtschaftszweig«. Vor allem im Bereich der öffentlichen Förderung gibt es unzählige Institutionen und Dienstleister, die von der Förderung leben. Es geht um die Verteilung von Milliarden – jedes Jahr.

In Deutschland gibt es eine Art Grundbedürfnis, nämlich das Bedürfnis nach Regeln. Ohne Regeln führt alles ins Chaos. Mit Regeln ist alles für alle transparent und nachvollziehbar. So auch der Leitgedanke für die öffentliche Förderung. Entsprechend aufwändig ist der gesamte Prozess der Mittelvergabe: Den grundständigen Rahmen geben sogenannte Förderrichtlinien vor. In diesen wird geregelt, welche Vorhaben unter welchen Voraussetzungen und in welcher Höhe gefördert werden können. Der Bewerber reicht dann zunächst eine Förderskizze ein, die von unabhängigen Experten bewertet wird. Für diese Bewertung gibt es in der Regel eine Bewertungsmatrix, die zu einem Punktwert führt. Auf diese Weise werden die einzelnen Vorhaben bei Überzeichnung des verfügbaren Fördervolumens sortiert und priorisiert. Bei positiver Bewertung wird der Bewerber aufgefordert, den eigentlichen Förderantrag zu stellen. Auch dieser wird einer eingehenden Analyse und Bewertung unterzogen. Weil sowohl die spezielle Sprache der Förderrichtlinien als auch die Kunst der Antragstellung für viele Innovatoren eine beliebige Hürde darstellt, bieten zahlreiche Experten ihre Dienste rund um die Fördermittelakquise an. Viele von diesen arbeiten sogar auf Erfolgsbasis. Teilweise kann die Beratungsunterstützung selbst wiederum gefördert werden.

Soweit die Übersetzung des Leitgedankens der Transparenz und Nachvollziehbarkeit der öffentlichen Förderung in Deutschland. Für Europa gelten grundsätzlich dieselben Förderregeln für die öffentliche Hand. Inwieweit die konkrete Ausgestaltung ähnlich umfangreich reguliert ist, ließe sich nur vergleichen, wenn man für ein gegebenes Projekt die Förderbedingungen konkret und länderspezifisch vergleichen könnte. Diese Idee scheitert allerdings daran, dass man für die grundsätzliche Förderfähigkeit in dem Land, in dem man eine Förderung beantragt, auch mit einer Firma ansässig sein muss. Projekte, die ein übergreifendes europäisches Ziel verfolgen, setzen deshalb auf Kooperationen. Das sind Projekte, bei denen sich mehrere Partner aus unterschiedlichen europäischen Ländern zusammenschließen, um ein Vorhaben gemeinsam zu realisieren.

Es mag einen Gradienten der Förderkomplexität geben, wenn man den Bogen von Nischenanwendungen bis hin zu Schlüsseltechnologien spannt. Mit unserer Batterieinnovation sind wir jedenfalls in dem Bereich der Schlüsseltechnologien verortet. Das sind Technologien, die für die gesamtgesellschaftliche Entwicklung und für die Volkswirtschaft von entscheidender Bedeutung sind. Batterien sind nicht nur wichtig für die Mobilitätswende hin zur Elektromobilität, sondern überdies auch von entscheidender Bedeutung bei der Energiewende, wenn es um den Ausgleich zwischen Erzeugung und Verbrauch geht. Aktuell wird der Markt von China dominiert. Die Chinesen haben erkannt, wie wichtig diese Schlüsseltechnologie für die Weltwirtschaft ist. Konsequenterweise setzen sie mit ihrer Strategie der Dominanz genau dort an. In Europa fällt es uns dagegen extrem schwer, eine eigene Batterieproduktion erfolgreich zu etablieren. Wir drohen, den Anschluss zu verlieren. Entsprechende Aufmerksamkeit genießt dieses Thema seit einiger Zeit im Bereich der öffentlichen Förderung.

Wir haben mit dem ersten Förderpaket von Bundeswirtschaftsminister Altmaier bereits versucht, an solche Förderungen heranzukommen. Erfolglos. Wir wissen, dass wir mit unserer Technologie eines von acht Konsortien waren, die sich um die Milliardenförderung beworben haben. Wir haben noch nicht einmal eine Eingangsbestätigung bekommen. Im weiteren Verlauf haben wir uns bei den Reallaboren für die Energiewende und weiteren Förderformaten beworben. Über das Stadium der Förderskizze kamen wir jedoch nie hinaus. Inzwischen haben wir gelernt, dass es dafür einige gute Gründe gibt. Diese müssen nicht stellvertretend sein für die gesamte Förderlandschaft. Sie werfen jedoch zumindest bei mir Fragen auf, ob sie dem Leitgedanken einer transparenten und nachvollziehbaren Förderung von Vorhaben, die ohne Förderung keine Chance auf Entwicklung hätten, auch nur im Ansatz gerecht werden.

Die erste Hürde sind das fehlende Know-how und individuelle Befindlichkeiten auf der Seite der Bewerter. In unserem Fall bekommen wir regelmäßig zu hören, dass das, was wir darstellen, zu gut ist, um wahr zu sein. Hoch dekorierte Chemiker, die anfänglich begeistert von den neuen Möglichkeiten sind, stellen schnell fest, dass eine echte Lösung auf die Fragen der Energie- und Mobilitätswende gar nicht gewollt ist. Im Gegenteil: Hinter vorgehaltener Hand haben wir erfahren, dass mit unserer Technologie das Risiko verbunden wird, dass andere Vorhaben, die aktuell gefördert werden, überflüssig werden könnten, vorangegangene Entscheidungen als falsch ausgelegt und damit zu einem Reputationsrisiko werden könnten. Entsprechend konsequent erfolgt eine Ablehnung. Die Begründung der Ablehnung ist dabei keinesfalls transparent und nachvollziehbar. Im Gegenteil. Sie ist sogar inhaltlich falsch und angreifbar. Eine dieser Ablehnungen haben wir einmal systematisch hinterfragt. Für den Vertreter des Projektträgers war dies sicherlich eine seiner härtesten Runden, die er jemals erlebt hat. Unsere Abschlussfrage, welche Optionen einer Klage er uns empfehlen würde, quittierte er mit der Aussage, dass wir uns ja gerne in den Antrag einklagen könnten, dann aber sicherlich wieder abgelehnt würden. Wir sollten uns einfach damit abfinden, dass unsere Technologie nicht erwünscht sei.

Eine weitere Hürde haben wir erst später verstanden. Auch sie ist nicht transparent, dafür aber umso weitreichender in ihren Konsequenzen. Es scheint vom Bund der Steuerzahler eine Kennzahl für die Fördereffizienz zu geben, an der sich die Projektträger messen lassen müssen: Die Administrationsquote. Sie setzt die Kosten der Fördermittelvergabe ins Verhältnis zu der allokierten Fördersumme. Je niedriger die Quote, desto effizienter die Mittelvergabe. Das erscheint auf den ersten Blick einleuchtend. Ist aber auf den zweiten Blick fatal. Immerhin variieren die Administrationskosten auf der Seite der Projektträger nicht in Abhängigkeit des beantragten Fördervolumens, sondern mit der Anzahl der Projekte. Das begünstigt große Vorhaben systematisch gegenüber kleineren Vorhaben und steht damit in einem fundamentalen Widerspruch zum eigentlichen Fördertatbestand, nämlich der Förderung von Projekten, die noch nicht so reif sind, dass sie von anderen Quellen unterstützt werden würden.

Eine dritte Hürde liegt schließlich in der konstruierten Abhängigkeit von Förderung und Eigenanteil. Im außeruniversitären Rahmen erfordert die Gewährung von Fördermitteln die Übernahme eines Eigenanteils. Dieser Eigenanteil muss vor der Bewilligung der Fördermittel nachgewiesen werden, weil ansonsten die grundsätzliche Förderfähigkeit nicht gegeben ist. Diese Anforderung ist insbesondere für Startups eine nahezu unüberwindbare Hürde. Investoren und Banken, die grundsätzlich bereit wären, das Vorhaben mit den benötigten finanziellen Mitteln zu unterstützen, stellen diese Unterstützung unter den Vorbehalt der Förderung. Immerhin wäre der Kapitalbedarf für die Umsetzung ohne Förderung bedeutend höher und ohne die Förderung der angestrebte Schritt nicht erreichbar. Und genau dieser Vorbehalt gilt nicht als Nachweis des Eigenanteils. Also scheiden solche Vorhaben in der Antragsphase mit eben dieser Begründung aus.

Auffällig ist, dass Ausgründungen aus dem universitären Bereich offenbar begünstigt werden. Dies ist einerseits der Tatsache geschuldet, dass im Schoße der Alma Mater eine 100 %ige Förderung Standard ist, Vorhaben also lange ohne Eigenanteil entwickelt werden können. Andererseits ist es natürlich ein Beleg für die Schubkraft der Förderung, wenn gerade aus dem universitären Bereich Innovationen ihren Weg in die Praxis finden. Wie gut, dass die Gutachter aus demselben Beritt stammen. An dieser Stelle ist mir der Hinweis wichtig, dass ich Förderung keinesfalls unter Generalverdacht stelle. Auch möchte ich den zahlreichen Gutachtern, die eine enorme Arbeit mit all den Anträgen haben, und nach bestem Wissen und Gewissen handeln, nicht zu nahe treten. Ich erlaube mir aber, das Fördersystem in seiner gegenwärtigen Struktur infrage zu stellen.

Diese strukturelle Unwucht führt im Bereich der Schlüsselindustrie Batterien dazu, dass vor allem große Vorhaben, die auf die Errichtung von Gigafactories auf Basis herkömmlicher Technologien ausgerichtet sind, gegenüber echten Innovationen systematisch begünstigt werden. Das zementiert die Rolle des Verfolgers und verhindert die Rückkehr zur Innovationsführerschaft. Diese System-Problematik wird dadurch verstärkt, dass zahlreiche Forschungseinrichtungen in Deutschland davon abhängig sind, über Forschungsförderung finanziert zu werden. Auch ihr Weg zur Finanzierung führt über die Projektanträge zur Fördermittelvergabe und erhöht damit den Druck auf das Gesamtsystem. Und aus eben diesen Bereichen kommen die Gutachter für die Technologiebewertung. Kommt man aus dem außeruniversitären Bereich und ohne etablierte Marke im Gepäck in diesen Prozess, werden die Hürden in ihrer Kombination nahezu unüberwindbar. Zu vielschichtig sind die Interessenlagen der handelnden Akteure, zu groß die Egoismen bei der Entscheidung über die beste Mittelverwendung. Es ist sogar vollkommen unerheblich, welche Beweise man von neutraler Seite für die Begutachtung in den Ring werfen kann. Es kann nicht sein, was nicht sein darf. Begründet wird all dies durch einen transparenten und nachvollziehbaren Prozess, der niemanden benachteiligt und eine faire Chance für alle bietet. Leider ist in der Praxis zumindest auf der Basis unserer Erfahrungen über die letzten Jahre und unter verschiedenen Regierungen das Gegenteil der Fall.

Abschließend sei die Frage erlaubt, wie es mit den Fördergrundsätzen vereinbar ist, dass Unternehmen beispielsweise aus der Automobilindustrie regelmäßig Milliarden an Fördergeldern einwerben und gleichzeitig Dividenden an ihre Aktionäre ausschütten können. Sind es in diesen Fällen wirklich erst die Steuergelder, die ein Unternehmen motivieren, in die eigene Innovationsführerschaft und damit Zukunftsfähigkeit zu investieren, oder werden Fördergelder als willkommene Gelegenheit zur Gewinnmaximierung eingesetzt? Letzteres kann zumindest nicht im Sinne der Steuerzahler sein. Aber wer bin ich, eine solche Drehscheibe für Milliarden und auch noch vom Spielfeldrand in Frage zu stellen …

Worum es geht

Die Beantragung von Fördergeldern ist ein kompliziertes Geschäft. Es kostet Euch eine Unmenge an Zeit und Energie. Daher solltet Ihr Euch einerseits Unterstützung von Menschen holen, die dieses Geschäft verstehen. Andererseits solltet Ihr genau hinterfragen, welche Aussichten auf Erfolg Ihr mit Eurer Innovation überhaupt habt. Wer hat ein Interesse an Eurem Erfolg, wer an Eurem Misserfolg. Eine offensichtlich relevante Frage ist die Höhe der beantragten Fördersumme. Ist sie zu klein, werdet Ihr ohnehin aussortiert. Für die passende Projektgröße braucht Ihr allerdings die benötigten Eigenmittel. Wer bietet Euch das Fundament der Außenwirkung durch Marke? Und welchen Preis müsst Ihr dafür bezahlen?

Förderung ist ein Privileg. Sie ist aber kein Selbstzweck. Mit den einzelnen Förderprogrammen sind Auflagen verbunden, die Ihr im Vorfeld genau überprüfen müsst. So hatte beispielsweise die Bundesagentur für Sprunginnovationen in Deutschland, SPRIND, anfangs auf Basis eines Geburtsfehlers im europäischen Kontext, die Anforderung, dass alle entstehenden Schutzrechte SPRIND zufallen. Für uns als Technologieentwickler mit einem Lizenzgeschäftsmodell eine unmittelbare rote Ampel bei der elementaren »Freedom to Operate« (FTO), also der Möglichkeit, konfliktfrei mit Schutzrechten Dritter Lizenzen vergeben zu können. In anderen Förderkontexten gibt es beispielsweise Auflagen, die eine Veröffentlichung der Ergebnisse verbindlich vorschreiben. Auch das sind Auflagen, deren Akzeptanz Ihr im Vorfeld prüfen solltet.

Im Bereich der Kooperationen mit Universitäten und wissenschaftlichen Einrichtungen seid Ihr übrigens ein gern gesehener Partner, wenn Ihr eine reine Industriebeauftragung anbieten könnt. Hier sind die Spielregeln und die Rechte von Beginn an klar in Eurem Sinne ausgestaltet und für alle Beteiligten ist das Geschäft einfacher. Macht Euch also unbedingt zuerst Gedanken über die Vor- und Nachteile einer Förderung für Eure Innovation. Erst dann solltet Ihr Euch auf dieses vordergründig transparente und nachvollziehbare Minenfeld der Förderung in Deutschland begeben.

How to read

»DAS SCHMUTZIGE GESCHÄFT DER FÖRDERUNG«

› Welche Ziele verbinde ich konkret mit
  einer Förderung?

› Wie kann ich sicherstellen, dass ich weder
  zu klein noch zu groß für das jeweilige
  Förderprogramm bin?

› Wer kann mir mit einer starken Marke zur Seite
  stehen, um meine Zuteilungsaussichten zu erhöhen?

› Welchen Preis bin ich bereit, für die Unterstützung
  zu zahlen?

› Habe ich einen geeigneten Partner zu fairen
  Konditionen für die Beantragung an der Hand?

› Kann ich die Bedingungen der Förderung im Falle
  des positiven Zuwendungsbescheides tatsächlich
  tragen?

› Kenne ich die Konsequenzen der Chancen und
  Risiken aus Förderung für meine Innovation
  im Detail?

LOBBYISMUS –
DAS SPIEL DER BEWAHRER

Was steckt drin

In einer parlamentarischen Demokratie werden die Vertreter des Volkes über Wahlen bestimmt. Über die sich anschließende Legislaturperiode tragen diese gewählten Vertreter die Verantwortung für die Gesetzgebung und halten damit die Stellhebel für die Rahmenbedingungen des gesellschaftlichen und wirtschaftlichen Zusammenwirkens aller Akteure in der Hand. Unabhängig davon, wie leidenschaftlich an den deutschen Stammtischen die Ausbildungsstände der gewählten Volksvertreter diskutiert werden, ist es nahezu unmöglich, dass sich ein Politiker in allen Themen so gut auskennt, dass auch bei neutraler Betrachtung seine Rahmenvorgaben gut für die Entwicklung des Landes sind. Lobbyisten treten an, diese Wissenslücken zu schließen. Warum das ein problematischer Punkt für Innovationen ist, darum geht es in dieser Episode.

Die Episode

Das Getöse um den Ausbildungsstand unserer gewählten Volksvertreter ist enorm. Besonders an den Stammtischen in Deutschland kann man sich »herrlich das Maul zerreißen«. Dabei geht gänzlich unter, dass beispielsweise im Bundestag nach einem Rekordhoch von 736 Abgeordneten seit der Wahlrechtsreform aus dem Jahr 2023 zukünftig »nur« 630 Abgeordnete im Bundestag für die Gesetzgebung verantwortlich sind. Wer von sich – egal welch Bildungsstandes – behaupten kann, in allen Themen, die vom Gesetzgebungsprozess betroffen sein können, die notwendige Fachexpertise zu haben, der sollte sich einen dieser 630 Plätze schnappen und unser Land gestalten helfen. Bei allen anderen darf unterstellt werden, dass es in dem ein oder anderen Bereich »Nachhilfebedarf« gibt. Ein Doktortitel schützt vor diesem Bedarf übrigens keineswegs.

Die »Nachhilfe« für Politiker hat vielfältige Formen. Eine bedeutende Form ist der Lobbyismus. Das ist die Interessenvertretung gegenüber der Politik, die versucht, Einfluss auf den Gesetzgebungsprozess auszuüben. Bei aller vermeintlichen Transparenz über inzwischen 27.000 allein beim Bundestag registrierte Interessenvertreter ist dieses Geschäft vollkommen undurchschaubar. Das sind im Schnitt 42 Lobbyisten pro Abgeordnetem. Auch wenn seit dem Roman »Per Anhalter durch die Galaxis« 42 die Antwort auf die »endgültige Frage nach dem Leben, dem Universum und dem ganzen Rest« ist, so ist der »Nachhilfedruck« auf die Politik bereits beim Bundestag zweifelsohne enorm. Hier sind die übrigen politischen Ebenen der Legislative sogar noch gar nicht mit eingerechnet.

Dieser »Nachhilfedruck« schließt einerseits sicherlich in

vielen Fällen die vermeintlich zugrundeliegende Wissenslücke bei den Politikern. Allerdings – und hier unterscheidet sich Lobbyismus von der Nachhilfe in der Mathematik – ist die gesetzgeberische Antwort auf einen gegebenen Regelungsbedarf keineswegs eindeutig. Es gibt also nicht nur »richtig" und »falsch«, »null« und »eins«. Es gibt für jeden Regelungsbedarf eine Fülle unterschiedlicher Perspektiven und Regelungsmöglichkeiten. Die Grundlage eines jeden Interessenkonflikts. Es gehört also zur besonderen Rolle des Lobbyismus notwendigerweise dazu, dass die erfolgreichen Lobbyisten nicht nur eine Wissenslücke »neutral« schließen, sondern vielmehr die Perspektive der Lösung aktiv mitbestimmen können und dies, wo immer möglich, auch tun. Sie können ihre Version der Regelung der Politik buchstäblich in die Feder diktieren und damit ihr Interesse gegenüber anderen Interessen zu demselben Thema durchsetzen.

Auch beim Lobbyismus steht der Erfolg in einem ursächlichen Zusammenhang zu der Investitionssumme der jeweiligen Interessenvertretung. Es ist durchaus interessant, aus welchen Bereichen die Lobbyisten mit den größten Budgets kommen: Banken, Versicherungsunternehmen und Investmentgesellschaften führen diese Liste an gefolgt von der Autolobby und der Chemielobby. Alleine deren Ausgaben für die Kontaktpflege und den Versuch, die Politik zu beeinflussen, summieren sich laut ZDF auf ca. 79 Mio. €. Das entspricht einem »Nachhilfebudget« von etwa 125.000 € pro Abgeordneten.

Bei diesen Zahlen geht es allerdings gar nicht um die Zahlen an sich. Vielmehr geht es darum, sich darüber bewusst zu sein, dass zwar gemäß dem Grundprinzip einer parlamentarischen Demokratie alle Macht vom Volke ausgeht, dies aber im faktischen politischen Meinungsbildungsprozess zugunsten einiger weniger durchaus einseitig kippt. Lobbyismus birgt aufgrund des enormen »Nachhilfedrucks« auf Politiker und der Schieflage in der finanziellen Ausstattung zwischen den Interessenvertretern das Risiko, dass Rahmenbedingungen durch die Politik gesetzt werden, die bei neutraler Betrachtung – im Sinne einer geschlossenen Wissenslücke – eben nicht im Sinne des Volkes und der Entwicklung des Landes, sondern im Sinne der mächtigsten Interessenvertretung sind.

Drei einfache Beispiele verdeutlichen das Grundproblem einer Lobby-Schieflage: Die Vorschrift, dass Drehverschlüsse an Plastikflaschen oder Tetrapacks fest mit der Flasche oder dem Tetrapack verbunden bleiben müssen, ist ein Geniestreich einer Interessenvertretung und entbehrt jeder neutralen Sinnhaftigkeit. Die Vorschrift, Biogurken mit Verweis auf die Lebensmittelhygiene in Plastik einschweißen zu müssen, war ein Wildwuchs im kompletten Gegensatz zu einem umweltbewussteren Lebensstil. Früher hat es gereicht, das Gemüse vor der Zubereitung und dem Verzehr zu waschen. Heute ersticken wir in immer größeren Müllbergen – auch aufgrund des Erfindungsreichtums der Verpackungsindustrie und ihres Durchgriffs auf den Gesetzgebungsprozess. Die Neuregelung der Führerscheinklassen mit der Aufteilung in zahllose Unterklassen hat im Wesentlichen nur die Konsequenz für die Verbraucher, dass die Erlangung einer Fahrerlaubnis immer teurer wird. Eine höhere Sicherheit oder gar die Absenkung von Unfällen ist damit keinesfalls ursächlich verknüpft. Bei diesem Lobbydruck brauchen wir uns über eine überbordende Bürokratie nicht zu beschweren oder gar den Bürokratieabbau durch die Politik zu fordern. Jeder Interessenvertreter möchte sein Interesse ja im Gesetz niedergeschrieben wissen –

schon allein der Planungssicherheit wegen.

Doch was hat das alles mit Innovation zu tun? Lobbyisten vertreten die Interessen ihrer Auftraggeber. Werden bestimmte Entwicklungen als Bedrohung wahrgenommen, wird entsprechend dagegengehalten. Innovation birgt grundsätzlich das Risiko, einen etablierten Zustand infrage zu stellen, etablierte Wertschöpfungsketten zu erschüttern, neue Spieler auf das Spielfeld zu bringen, Kräfteverhältnisse zu verschieben. Innovation wird damit zu einem Risiko derer, die sich heute die Gestaltung der Rahmenbedingungen »leisten« können, derer, die ihre Pfründe durch ihre Einflussnahme sichern können. Wer viel hat, kann Einfluss nehmen. Wer heute viel hat, hat aber auch morgen viel zu verlieren. Lobbyismus ist ein mächtiger Gegenspieler von Innovation, und zwar umso mächtiger, je stärker die Innovation die etablierten Strukturen erschüttern könnte.

Da Lobbyismus trotz aller Bemühungen um Transparenz in den Hinterzimmern der Politik stattfindet, müssen Innovationen in eine Transparenzoffensive gehen. Eine Transparenzoffensive als »faktenbasiertes Informationsangebot« zur Schließung einer tatsächlich bestehenden Wissenslücke. Dankenswerterweise gibt es auch genügend Abgeordnete, die sich durch eine entsprechende Bürgerbeteiligung einen direkten Zugang zu unterschiedlichen Perspektiven aus dem Volk verschaffen. Wir hatten in diesem Zusammenhang auf Einladung des Bundesverbandes für Elektromobilität (BEM) beispielsweise die Gelegenheit, an einem parlamentarischen Dialog im Bundestag zum Thema Elektromobilität teilzunehmen. Es ist erstaunlich, welche Wirkung plakative Beispiele entfalten können, die in einem klaren Gegensatz zu der dominierenden Perspektive stehen. Bei der Diskussion um Ladeinfrastruktur für Elektroautos in Deutschland dominiert beispielsweise der »netzzentrische« Ausbaugedanke: Jeder Ladepunkt wird dabei ohne einen Puffer direkt ans Stromnetz angebunden. Das ist in etwa so sinnvoll wie die direkte Anbindung aller Zapfsäulen herkömmlicher Tankstellen an die Erdölraffinerie. Dabei arbeiten alle Tankstellen seit jeher mit Pufferspeichern – Bodentanks, aus denen die Zapfsäulen mit Hochdruck den Sprit in den Tank befördern und so einen hohen »Ladekomfort« ermöglichen. Ohne die Integration von Pufferspeichern in die Ladeinfrastruktur ist die gegenwärtige Ausbauidee ein wirtschaftliches Hochrisikospiel. Ob sich diese Erkenntnis durchsetzt, hängt auch davon ab, wie konsequent diese Wissensvermittlung wiederholt wird. Und genau hier schließt sich der Kreis der Abhängigkeit von finanziellen Ressourcen für die notwendige Wissensvermittlung aufseiten der Innovation und der Innovatoren.

Worum es geht

Lobbyismus ist ein Spiel der Stärkeren. Innovation ist hier systematisch im Nachteil, sofern sie nicht im Eigeninteresse der Lobbyisten liegt. Für Euch und Eure Innovation bedeutet diese Erkenntnis, dass Ihr Euch einerseits darum bemühen könnt, von den für Eure Innovation relevanten Lobbyisten als vorteilhaft wahrgenommen zu werden. Andererseits könnt Ihr Euch darum bemühen, durch mediale und direkte Kommunikation mit den Abgeordneten Transparenz über Euer Innovationsumfeld herzustellen.

Das ist keine leichte Aufgabe. Immerhin geht es um einen durchaus erheblichen Aufwand – sowohl in zeitlicher als auch in finanzieller Hinsicht. Wenn Ihr allerdings feststellt, dass es eine Schieflage in der politischen Willensbildung gibt, die Eure Innovation systematisch behindert, müsst Ihr in dieses Feld »investieren«. Dabei hilft es, Euch mit dem Räderwerk und den Spielregeln der Interessenvertretung und des Lobbyismus auseinanderzusetzen und im Zusammenspiel mit Euren medialen Aktivitäten die richtigen Ansprechpartner und Strategien zu finden. Ihr werdet feststellen, dass es auch für Politiker eine Wohltat ist, mit normalen Menschen zu sprechen, die sich als Unternehmer für eine Veränderung zum Wohle der Gesellschaft, Wirtschaft und Umwelt einsetzen.

Lobbyismus ist das Spiel der Bewahrer, weil sie die notwendigen Ressourcen für eine effektive Interessenvertretung haben. Lobbyismus kann damit ein mächtiger Gegner Eurer Innovation sein. Allerdings lohnt es den Versuch, auch dieser Gruppe Euer »Nachhilfeangebot« zu unterbreiten. Das Gute an Innovation ist, dass es nur zu gewinnen gibt, solange sich die Innovation noch nicht durchgesetzt hat.

Einen Gedanken solltet Ihr Euch allerdings jetzt schon in Eure Bücher schreiben: Wenn Ihr mit Eurer Innovation den Durchbruch geschafft habt, dann helft anderen Innovatoren bei ihrem Durchbruch. Vergesst Euren Kampf für Eure Innovation und alle damit verbundenen Anstrengungen nicht. Sonst wechselt Ihr mit Eurem Erfolg schleichend auf die Seite der Bewahrer, die Euch heute das Leben so schwer machen. Das wäre für eine auf Wohlstand ausgerichtete Entwicklung unserer Wirtschaft und Gesellschaft ein Bärendienst. Auch ein in diesem Sinne verändertes Selbstverständnis ist Innovation.

How to read

»LOBBYISMUS – DAS SPIEL DER BEWAHRER«

› Welche »großen Linien« bestimmen heute
mein Innovationsumfeld?

› Welche Missverständnisse sorgen dafür, dass
diese Linien meiner Innovation im Wege stehen?

› Wer profitiert von meiner Innovation und wer könnte
von meiner Innovation negativ betroffen sein?

› Wie ist das Kräfteverhältnis der Begünstigten
und Benachteiligten meiner Innovation?

› Welche Formate der direkten und indirekten
Interessenvertretung kann ich für meine
Innovation nutzen?

› Wie verbinde ich meine Marketing- und Medien-
Aktivitäten mit der notwendigen Interessenvertretung?

› Wie kann ich anderen Innovatoren helfen?

DAS PRINZIP HAUSBANK

Was steckt drin

Banken sind systemrelevant. So ihr Anspruch und ihre grundsätzliche Funktion. Sie sind die Drehscheibe für alle elektronischen Finanztransaktionen und die Schnittstelle zwischen dem Staat, der Finanzwirtschaft und der Realwirtschaft. Sie vergeben Darlehen und verwalten Geldvermögen über ihre Konten. Kurzum, sie sind für Unternehmen von entscheidender Bedeutung. So auch die Begründung für umfangreiche Rettungsschirme, wenn sich Banken Risiken ausgesetzt haben, die sie in der Realwirtschaft nicht zu tragen imstande sind. Ob Banken allerdings der Selbstwahrnehmung der Systemrelevanz gerecht werden und was dies für Innovationen bedeuten kann, darum geht es in dieser Episode.

Die Episode

Früher galt eine Ausbildung zum Bankkaufmann als das Nonplusultra eines vielversprechenden Berufseinstiegs. Es gab ein gutes Verhältnis zwischen den Bankmitarbeitern und ihren Kunden. Viele Herausforderungen konnten auf dem kleinen Dienstweg gelöst werden. Doch diese Zeiten sind vorbei. Die Globalisierung und eine zunehmende Digitalisierung der Finanzindustrie erodieren seit Jahren die regionalen Strukturen. Ehemalige Flexibilitäten sind der Regulierung zur Vermeidung weiterer Finanzkrisen zum Opfer gefallen. Die enorme Dauer der Niedrigzinspolitik hat der Finanzwirtschaft an allen Stellen ebenfalls massiv zugesetzt. Übrig geblieben ist nur noch das Klischee des erfolgsverwöhnten Bankers aus den 1990er Jahren: Kurzarmhemd ohne Unterhemd, Mickey Mouse Krawatte und ein goldener Krawattenhalter in schnittiger Sportwagenform. So aus der Zeit gefallen dieses Klischee erscheinen mag, so zutreffend beschreibt es den Umgang der Banken mit dem »Ungeheuer« Innovation.

Für die Finanzierung von Innovationen stehen prinzipiell drei Kategorien zur Verfügung: Eigenkapital, Fremdkapital und Fördermittel. In diesen drei Kategorien haben Banken unterschiedliche Rollen und Funktionen. Geht es um den Transfer von Eigenkapital, so fällt den Banken grundsätzlich die Überprüfung der Mittelherkunft zu. Bevor relevante Einzahlungen dem Geschäftskonto gutgeschrieben werden, muss seitens der Banken sichergestellt werden, dass die Mittel frei von krimineller Herkunft sind. Dazu gibt es internationale Spielregeln zur Geldwäsche- und Terrorismusfinanzierungsvermeidung. Ist das so geprüfte Geld sauber, darf es grundsätzlich verwendet werden. Fremdkapital kann auf verschiedene Weisen zur Verfügung gestellt werden. In der Regel geht es dabei um eine adäquate Besicherung sowie eine Zinszahlung in Abhängigkeit des mit der Darlehensauszahlung verbundenen Risikos. Im Rahmen der Fördermittelvergabe kommt der Hausbank ebenfalls eine tragende Rolle zu. Immerhin leitet sie beispielsweise einen Kreditwunsch für begünstigte Konditionen an die Kreditanstalt für Wiederaufbau, kurz KfW, weiter. Das ist eine Bank, über die der Staat einen großen Teil seiner Förderprogramme abwickelt. Die Aufgabe der Hausbank besteht hier in der Vorprüfung und der begleitenden Administration. Soweit, so gut.

Das »Ungeheuer« Innovation hat allerdings das Zeug dazu, Banken in helle Aufregung zu versetzen. Vor allem, wenn das Geschäft mit der Innovation international ausgerichtet ist. Es gibt so viele Erlebnisse, die wir schon mit Banken gesammelt haben, dass dieses Thema für sich genommen ein eigenes Buch füllen könnte. Dennoch erscheint es mir zielführend, hier eine komprimierte Übersicht anzubieten, um Euch die Fallstricke zu ersparen, über die wir schon gestolpert sind.

Wir beginnen diese unendliche Geschichte im Kleinen: Beim Dispositionskredit. Das ist eine grundsätzlich teure, dafür aber auch flexible Kreditlinie, die dabei hilft, Zahlungsausgänge und Zahlungseingänge kurzfristig zu überbrücken. Startups, so auch wir, bekommen diese Kreditlinie nicht zugestanden. Das hat schon bei uns dazu geführt, dass trotz der telefonischen Vorabklärung, ob die Sozialversicherungsbeiträge abgebucht werden können, wenn die erforderlichen Mittel taggleich dem Konto gutgeschrieben würden, diese Flexibilität verwehrt wurde. Das Geld kam wie angekündigt am Tag der Abbuchung auf dem Konto an. Dennoch wurde die Abbuchung der Beiträge seitens der Bank zurückgewiesen. Säumniszuschläge und viel Nacharbeit inklusive. Ein weiteres Instrument mit relevanter Flexibilitätswirkung ist das »Sale & Lease Back« Modell. Teure Maschinen, bei uns beispielsweise ein Laserschweißgerät, können in der Regel unter Besicherung des Geräts zunächst durch das Unternehmen angeschafft und dann an eine Bank oder einen Leasingpartner verkauft und von diesem zurückgeleast werden. Das hilft dabei, die Liquidität zu schonen. Ein solches Instrument steht Innovatoren, die noch keine eigenen Umsätze machen, ihren Kapitalbedarf stattdessen nachweislich durch Eigenkapital – also mit Hilfe von Investitionen – decken, prinzipiell nicht zur Verfügung. Die Kapitaldienstfähigkeit ist durch die Bilanz nicht gegeben, weshalb Dispositionskredit und Leasing strukturell ausgeschlossen sind.

Für den Zugang zu günstigen Darlehen ist eine positive Beurteilung durch die Hausbank eine zwingende Voraussetzung. Die hat allerdings unzureichende Anreize, sich mit der Prüfung des Vorhabens in der gebotenen Form auseinanderzusetzen. Zu gering erscheint die Bearbeitungsgebühr, die die Bank gegenüber der KfW abrechnen darf. Entsprechend unverhältnismäßig erscheint den Sachbearbeitern der mit der Prüfung verbundenen Aufwand. Hinzu kommt, dass die Sachbearbeiter die drei Risikokategorien – Technologie-, Produktions- und Marktrisiko – überprüfen und bewerten müssen. Ein kleiner Praxistest: Ein Sachbearbeiter einer Bank soll also in der Lage sein, das Vorhaben eines Feststoffakkus hinsichtlich der Technologie-, Produktions- und Marktrisiken zu bewerten? Ohne den Bankmitarbeitern zu nahe treten zu wollen: Sie sind Bankmitarbeiter, weil sie einen sicheren Job suchen, in der Regel von

Natur aus risikoavers sind und sich eben nicht in einer Unternehmerrolle sehen. Ihnen fehlen also die Grundvoraussetzungen zur Erledigung dieser Aufgabe. Damit reduziert sich diese Prüfung im Spannungsfeld einer aus Bankensicht unattraktiven Vergütung und den fehlenden Fähigkeiten zur Prüfung auf eine Glaubensfrage. Sätze wie »ich kann mir beim besten Willen nicht vorstellen, dass Ihre Innovation sich durchsetzen kann« sind eher die Regel als die Ausnahme. Der Weg zu den günstigen Darlehenskonditionen der KfW ist damit versperrt. Einzige vermeintliche Lösung hier: Der Wechsel der Hausbank.

Problematisch wird die Angelegenheit, wenn es um ein durch eine Garantie besichertes Darlehen geht. Einer unserer Lizenznehmer hat das Angebot einer Bankgarantie durch einen Investor erhalten. Bei dieser Bankgarantie garantiert eine Bank einer anderen Bank die vollständige Risikoübernahme des Darlehensausfalls über einen entsprechenden Zeitraum. Die »Ausrede« hier: »Eine Bank darf nicht nur auf die Sicherheiten abstellen. Es geht auch um die Überprüfung der Technologie und des Geschäftsmodells.« Und auch hier stecken wir in der Falle des Spagats aus Auftrag und Fähigkeiten. Im besten Fall wird das Modell noch als »ungewöhnlich« gelobt, in jedem Fall wird jedoch von einem Darlehensangebot mit derselben Laufzeit der Bankgarantie Abstand genommen. Diese Haltung zieht sich übrigens durch die Hierarchie der Banken hindurch – von der »Hausbank« bis zur Landesbank. Uns und unserer Innovation fällt dabei besonders auf die Füße, dass andere Batterievorhaben – wie beispielsweise Northvolt – scheitern. Diese Vorhaben werden dafür herangezogen, alle drei Risikokategorien als erheblich zu bewerten – vollkommen unabhängig davon, welche Beweise für die Überlegenheit unserer Technologie vorgelegt werden. Unverständlich ist dann vor allem, wieso Vorhaben wie Northvolt durchaus auch Finanzierungsunterstützung durch Banken erhalten haben, die uns jedoch systematisch verwehrt wird.

Regelrecht bizarr wird die Rolle der europäischen Banken allerdings, wenn das Geschäftsmodell international ausgerichtet ist. Schweizer Banken zählen in diesem Zusammenhang in dieselbe Kategorie. Wir haben unsere Erfindung in 96 Ländern zum Patent angemeldet. Das erlaubt uns, unser Geschäftsmodell der Lizenzierung weltweit auszurollen. Wir machen dies aus Deutschland heraus, versteuern alle unsere Einnahmen in Deutschland. Wenn allerdings Zahlungen aus einem Land außerhalb Europas kommen, wird uns kurzerhand die Annahme der Zahlung verweigert und die Geschäftsbeziehung gekündigt. Vollkommen egal sind auf einmal die internationalen Regeln zur Geldwäscheüberprüfung und Terrorismusfinanzierungsvermeidung. Die Prüfung wird gar nicht erst angestoßen. Zu groß ist die Angst in der Bankenwelt vor dem »bösen« Geld aus dem außereuropäischen Ausland.

Schaut man sich jedoch die Erfolgsaussichten einer Innovationsfinanzierung in Europa im internationalen Vergleich an, so stellt man fest, dass die Mittelverfügbarkeit in Europa alles andere als befriedigend ist. Im Gegenteil: Viele Innovationen haben schlichtweg keine Chance, wenn sie auf eine Finanzierung in Europa setzen. Deswegen wandern viele Innovatoren aus Europa ab. Die wenigen »verstrahlten« Unternehmer, die es dennoch in Europa schaffen wollen, müssen sich zur Finanzierung zwangsläufig außereuropäisch orientieren. Derzeitige Hubs für die Innovationsfinanzierung: China, USA und der arabische Raum. Dort stehen beträchtliche Finanzmittel für die Förderung von Innovationen bereit. Allerdings gibt es tatsächlich keine Bereitschaft aus der europäischen Bankenwelt, hier auch nur im Ansatz zu unterstützen. Dadurch graben die vermeintlich systemrelevanten Banken in Europa der mindestens ebenso systemrelevanten Innovationskultur buchstäblich das Wasser ab. Wie genau sollen wir denn in Europa unseren Wohlstand sichern, wenn der Innovationsfinanzierung solche Steine in den Weg gelegt werden? Wer soll denn die zukünftigen Fehltritte der Banken durch ihre Spekulationen abfedern, wenn der Wohlstand erodiert? Der Verweis auf die Bankenregulierung ist für viele dieser Positionen eine freche Ausrede und dennoch im Grundsatz berechtigt. Es ist an der Zeit, die Regulierungswirkung in Europa mit dem Blick auf die Innovationsverhinderung auf den Prüfstand zu stellen. Gleichzeitig ist es allerdings auch an der Zeit, dass Banken ihre unstrittig gegebenen Ermessensspielräume für Innovationen und zugunsten der Innovatoren nutzen. Ohne eine adäquate Unterstützung bei der Innovationsfinanzierung gibt es keine Innovation, ohne Innovation keinen Wohlstand und ohne Wohlstand keine rosige Zukunft. Wir sind da sicherlich kein Einzelfall.

Worum es geht

Banken sind risikoavers, wenn es um die Finanzierung von Innovationen geht. Anders sieht es bei der Kreativität der Finanzinstrumente aus. Die Vermögensverwaltung spielt mit ihren Risikoinstrumenten und Hebelprodukten in einer gänzlich anderen Liga. Und die Banken verdienen damit leichtes Geld. Wenn den Banken die Rolle der Bewertung von Innovationen übertragen wird, macht man den »Bock zum Gärtner«, dann sind die »Kleingeister am Drücker«. Es liegt weder im Persönlichkeitsprofil noch im Skillset des Durchschnittsbankers verankert, Innovationen bewerten oder deren Chancen und Risiken abwägen zu können. Es dominiert der risikoaverse Blick auf das »Ungeheuer« Innovation. Entsprechend entsteht der Eindruck, dass man seiner Hausbank Leid antut, wenn man mit der eigenen Innovation und dem Unterstützungsbedarf auf sie zukommt. Die Ausreden sind platt bis frech, die Unterstützung strebt gegen null. Mindestens aus Sicht der Innovation ist dies eine denkwürdige Rolle sogenannter systemrelevanter Banken.

Doch was bedeutet das für Euch und Eure Innovation? Ihr müsst Euch rechtzeitig mit dem Gedanken vertraut machen, dass in der Wahl Eurer Bank ein tödliches Risiko für Eure Innovation begründet sein kann. Das geht von der Verweigerung einer flexiblen Liquiditätsunterstützung bis hin zur einseitigen Kündigung der Geschäftsbeziehung, sobald sich Umsätze aus einem außereuropäischen Land ankündigen. Diese Risiken gilt es zu antizipieren. Wir haben dafür das Thema Treuhand aufgegriffen. Wir haben gelernt, dass es nicht reicht, vehemente Befürworter der Geldwäschevermeidung und Terrorismusfinanzierungsbekämpfung zu sein und das Bekenntnis zum Standort Deutschland einschließlich der Inkaufnahme der relativ hohen Steuerbelastung abzugeben. Diese Punkte sind dem Gros der Banken in Europa schlichtweg egal.

Es geht um nicht weniger als eine zukunftsfeste Organisation einer internationalen Bankenkooperation, die es Euch ermöglicht, Eure Innovation weltweit auszurollen und damit ehrliches Geld zu verdienen. Das Prinzip Hausbank ist in Europa nicht nur im Kleinen ein Risiko für Eure Innovation, sondern vor allem auch für die Skalierung. Geht dieses Problem rechtzeitig an. Es hilft Euch nicht, die Lösung dieser Fragen zu verschieben – die Auflösung der Geschäftsbeziehung durch Eure Hausbank verhindert das nicht. Und die trifft Euch im Zweifel schneller, als Euch lieb ist.

How to read

»DAS PRINZIP HAUSBANK«

› Bin ich bei meiner Bank in puncto Liquiditätsunterstützung und Finanzierungszugang heute
  gut aufgehoben?

› Wie international ist mein Geschäftsmodell?

› Aus welchen Ländern erwarte ich Umsätze
  oder Investitionen?

› Wie positioniert sich meine Bank dazu?

› Was trägt meine Bank mit, wo steigt sie aus?

› Wie kompensiere ich die Lücken meiner Bank
  durch eine Zusammenarbeit mit Treuhändern
  und internationalen Banken?

› Welche Implikationen ergeben sich daraus
  für mein Geschäftsmodell?

DIE ROLLE DER POLITIK

Was steckt drin

Der Staat hat eine wichtige Funktion für den gesellschaftlichen Zusammenhalt. Das Prinzip der Gewaltenteilung ist für Deutschland in Artikel 20 Absatz 2 Satz 2 des Grundgesetzes verankert. Der Staat sorgt über die Legislative für die Gesetzgebung und schafft damit den Rahmen des Zusammenlebens. Über die Exekutive setzt er diese Normen um. Mit der Judikative sanktioniert er Fehlverhalten über alle Ebenen und Hierarchien hinweg. Über Steuergelder werden der Sozialstaat organisiert und Infrastrukturen des öffentlichen Lebens geschaffen und erhalten. Nur eine Rolle fällt dem Staat in der Reinform nicht zu: Die Rolle des Unternehmers. Dennoch schleicht sich seit der Finanzkrise immer mehr das Gefühl ein, als müsse der Staat sich an der Risikoübernahme der Wirtschaft beteiligen. Systemrelevanz ist das entscheidende Schlagwort dafür. Warum das insbesondere für Innovationen gefährlich ist, ist Gegenstand dieser Episode.

Die Episode

Alle Macht geht vom Volke aus. Über Wahlen werden die Volksvertreter gewählt, die dann im Rahmen der Gewaltenteilung Gesetze erlassen, deren Durchsetzung vollziehen und Fehlverhalten sanktionieren. Die Politik hat somit die Aufgabe, den Rahmen des gesellschaftlichen Zusammenwirkens zu setzen und durchzusetzen. Politik setzt also die Rahmenbedingungen.

Seit der Finanzkrise, ausgelöst durch die Pleite der Lehman Bank – im Animationsfilm »Ich – Einfach unverbesserlich« auch »die Bank des Bösen« genannt – hat der Begriff der Systemrelevanz Einzug in den allgemeinen Sprachgebrauch gehalten. Die Auswirkungen der Lehman-Pleite waren so fundamental, der Wildwuchs der Finanzinstrumente so erheblich, die Verflechtungen zwischen den Banken so umfangreich, dass die gesamte Weltwirtschaft ins Wanken geriet. Kurzerhand wurden Milliarden dafür ausgegeben, um eine gigantische Pleitewelle der Banken als Kollateralschaden der Lehman-Pleite zu verhindern. Seither scheint es zum guten Ton geworden zu sein, sich auf eine Systemrelevanz zu berufen, um Risiken zu kollektivieren, also auf den Steuerzahler abzuwälzen, und Gewinne zu individualisieren, also den Anteilseignern zukommen zu lassen. Auch die Automobilindustrie erhebt regelmäßig den Anspruch, die zentrale Schlüsselindustrie von Deutschland und damit in gewisser Weise systemrelevant zu sein. Bei jeder Markterschütterung wird nach Abwrackprämien und sonstigen Modellen gerufen, die den Absatz fördern und damit einen größeren Verlust von Arbeitsplätzen verhindern sollen. Das Problem an dieser Haltung ist, dass diese Maßnahmen in der Regel von kurzfristiger Wirkung sind und der Staat sich zunehmend erpressbar macht. Häufig gegeneinander ausgespielt: Arbeitsplätze und Innovation.

Die Energiekrise hat ein weiteres Phänomen aufgedeckt: Als das Gas abgedreht wurde, schossen die Energiepreise in Deutschland durch die Decke. Strompreisbremse und Spritpreisbremse avancierten zu den Heilsbringern für die Entlastung der geschundenen Bürger. Ebenso durch die Decke schossen die Gewinne bei den großen Energiekonzernen. Eine erhebliche Inflation schloss sich an, da die gestiegenen Energiepreise über die Produkte an die Verbraucher weitergegeben wurden. In der Folge kam es zu Lohnanpassungen, die die Teuerungsrate weiter unterfütterten und zementierten. Und das alles, obwohl innerhalb einer relativ kurzen Zeit eine deutliche Entspannung an den Rohstoffmärkten eingetreten war. Die wurde jedoch nicht ansatzweise in einem ähnlichen Verhältnis zur Preissenkung genutzt, wie kurz zuvor die Teuerung aller Produkte mit diesem Preisanstieg begründet wurde. Erst diese Spirale hat aus einem kurzfristigen Preiseffekt einen nachhaltigen Inflationseffekt gemacht. Immerhin verdienen die Menschen nicht mehr Geld, sondern das Geld ist weniger Wert. Ein schönes Beispiel dafür ist ein Hauskauf: Kauft man ein Haus, investiert nicht und verkauft das Haus zehn Jahre später zum doppelten Preis, kann die Preissteigerung nicht auf wertsteigernde Maßnahmen zurückgeführt werden. Es bleiben Spekulation und echte Inflation. Das Geld ist zehn Jahre später – wenn man Spekulationseffekte ausblendet – nur noch die Hälfte wert.

Der Staat hat spätestens seit der Finanzkrise damit begonnen, wirtschaftliche Probleme mit Steuermilliarden zu lösen. Das in dem guten Glauben, weitaus schlimmere Probleme dadurch zu verhindern. An den Beispielen der Strompreisbremse und der Spritpreisbremse allerdings wird deutlich, dass diese Steuermilliarden an den echten Ursachen der Symptome nichts verändert haben. Im Gegenteil: Die Symptome wurden immer schlimmer, eben weil man sich um die Ursachen nicht gekümmert hat. Das ist übrigens keinesfalls ein parteispezifisches Problem. Es ist eine schleichende Abkehr von den ursprünglichen Staatsaufgaben. Je besser es gelingt, über Scheinargumente wie Systemrelevanz und Arbeitsplatzsicherung die Risiken des wirtschaftlichen Handels auf den Staat zu übertragen, desto unbeschwerter lässt sich aus unternehmerischer Sicht agieren. Gefährlich für Innovationen ist dies besonders deshalb, weil Innovatoren in der Regel einen sehr viel schlechteren Zugang zu diesen Instrumenten und zu der Beeinflussung politischer Entscheidungen haben.

Wenn man dagegen aus einer Rahmengebungsperspektive auf die Energiekrise schaut, so hätte es neben einer Strompreisbremse auch die Möglichkeit zur Veränderung des Preisbildungsmechanismus gegeben. Bei diesem Mechanismus bestimmt der höchste Preis der Grundlast den Strompreis. Wenn eine Energiequelle durch Verknappung »zur Geisel" genommen wird, die in diesem Zusammenhang preisrelevant ist, so ist die Preisexplosion im aktuellen Preisbildungsmechanismus ursächlich verankert. Hätte man die Stromerzeugung aus Gas aus diesem Mechanismus herausgenommen und nur diese Komponente staatlich subventioniert, hätten die Strompreise diese Preisexplosion vermutlich nicht gezeigt. Bei diesem Beispiel geht es nicht um eine konkrete Quantifizierung. Vielmehr geht es um die Qualifizierung des Optionenraums, der sich aus dem originären Zuständigkeitsbereich von Politik ergibt: Der Rahmengebungskompetenz. Die Strompreisbremse hat den

Strompreis für den Verbraucher nur vordergründig gesenkt, da die Preisdifferenz zum »Marktpreis« durch den Staat – und damit wiederum durch den Steuerzahler – gegenüber den Energiekonzernen ausgeglichen wurde. Analog auch bei der Spritpreisbremse. Wo sind die Kartellbehörden bei dieser Art Abzocke, wo die Politik, wenn es darum geht, solch einen Wildwuchs, solch eine zügellose Selbstbedienung einiger weniger zu stoppen?

Die Ausweglosigkeit der Politik im reaktiven Modus erscheint plausibel, wenn man unterstellt, dass schnell gehandelt werden muss, um die Gunst der Wähler nicht zu verlieren. Auch ersparen Entlastungen mit der fiskalischen Gießkanne einen notwendigen und wahrscheinlich komplexen Umbau der Regelwerke. Zu viele Interessen mischen hier mit, zu viele Abhängigkeiten bestehen mittlerweile zwischen Politik und Wirtschaft.

Übertragen auf die Unterstützung von Innovationen wird inzwischen vermehrt und öffentlichkeitswirksam von der Politik gefordert, durch die Übernahme von Bürgschaften die privatwirtschaftliche Finanzierung von Innovationen zu begünstigen. 50 Mio. € hier, 600 Mio. € da. Wer das verlangt, verlangt nicht weniger als die Übernahme einer unternehmerischen Rolle durch den Staat. Dabei wäre es sehr viel zielführender, wenn der Staat sich auf die Rahmenbedingungen konzentrieren würde. Die Energiewende braucht für ihren langfristigen Erfolg zwingend Speicher, weil Erzeugung und Verbrauch häufig auseinanderfallen. Der Begriff der »Dunkelflaute« hat es inzwischen sogar zu internationaler Berühmtheit gebracht. Statt aber die Rahmenbedingungen für den Einsatz von Speichern zu verbessern, werden einzelne Vorhaben mit erheblichen Mitteln subventioniert. So beispielsweise die Batterieproduktion von

Northvolt. Über 600 Mio. € an Bürgschaften hat die öffentliche Hand übernommen. Eine Risikoübernahme für ein einzelnes Wirtschaftsunternehmen. Gelder, die für die Erfüllung originärer und hoheitlicher Aufgaben des Staates fehlen. Gelder, die anderen Innovatoren der Batterieindustrie in Deutschland nicht gewährt werden. Die Verweigerung einer Bürgschaft über 50 Mio. € für Lilium, eine Firma für Lufttaxis, hat einen regelrechten Shitstorm in Richtung Politik ausgelöst. Aus meiner unternehmerischen Sicht eine absolute Fehlentwicklung – auch seitens der Unternehmer und Investoren, die diese Rolle des Staates vehement einfordern.

Der Staat kann unmöglich für jedes Unternehmen bürgen. Es besteht somit das Risiko einer erheblichen Wettbewerbsverzerrung für die jeweils betroffene Branche. Es wäre durchaus spannend zu wissen, ob die privaten Investoren mit der Gewährung einer Bürgschaft vergleichsweise Risiken tragen, wie sie der Staat durch die Bürgschaft übernehmen soll. Die Bürgschaft für Northvolt legt diese Frage zumindest nahe.

Es ist ja nett, wenn der Staat Unternehmer spielen möchte. Damit kann man sich ja auch toll bei den Kollegen brüsten. Immerhin zockt man ja nicht mit dem eigenen Geld, sondern bloß mit dem der Steuerzahler. Natürlich gibt es Beispiele, wo es gut gegangen ist. Die Teilverstaatlichung von Lufthansa ist ein solches Beispiel. Hier hat der Staat bei seinem Exit im Jahr 2022 insgesamt 760 Mio. € Gewinn gemacht. Nach meinem Dafürhalten gerät allerdings immer mehr aus dem Blick, wofür Politik eigentlich da ist, nämlich für die Rahmenbedingungen des gesellschaftlichen Zusammenhalts und Zusammenwirkens.

Für eine zukunftsorientierte Entwicklung muss die Politik zu ihrer angestammten Rolle zurückkehren und sich auf die Rahmenbedingungen fokussieren. Das hat gerade für Innovationen eine sehr viel breitere Wirkung. Dabei gilt: »Weniger ist mehr« und »Qualität vor Geschwindigkeit«. Wie wichtig es ist, die Anreizwirkung der Rahmenbedingungen zu überprüfen, zeigt sich beispielsweise an den Regelungen zur Recyclingquote für Batterierohstoffe. Bei einem exponentiellen Nachfrageanstieg ist eine Steigerung der Recyclinganteile nur durch kurzlebige Batterien und hohe Ausschüsse zu gewährleisten, kurz, durch schlechte Technologie. Das führt im Ergebnis zu mehr Ressourcenverbrauch und ist damit kontraproduktiv gegenüber dem gut gemeinten Regelungsinteresse.

Einen besonderen und überaus wertvollen Vorteil bietet die Politik dagegen im Bereich der Vernetzung. Durch ihre notwendige Nähe zu den Wählern sind Politiker in der Regel sehr gut vernetzt. Ihre Ämter öffnen Türen auf Etagen, die der Innovator ohne Netzwerk oft nur schwer betreten könnte. Diese Art der Vernetzung ist ein wichtiger Beitrag von Politikern für die Entwicklung von Innovationen. Gepaart mit der Fokussierung auf Rahmenbedingungen kann Politik sehr viel risikoärmer und in der notwendigen Breite Innovationen unterstützen als dies durch Steuermilliarden mit der Gießkanne und Risikoübernahmen überhaupt möglich ist.

Worum es geht

Politik sorgt für die Rahmenbedingungen. Politiker sind oftmals bestens vernetzt. Beide Faktoren sind wichtig für Eure Innovation. Ihr könnt Euch darum bemühen, bei den relevanten Stellen Eure Standpunkte und Euren Bedarf nach Rahmenbedingungen transparent zu machen. Ihr könnt Politiker auch dafür gewinnen, Euch über ihr Netzwerk Türen zu öffnen, wo es Eurer Innovation hilft.

Vermeidet im ureigenen unternehmerischen Sinne, von der Politik eine Art von Unterstützung zu verlangen, die nicht die reguläre Aufgabe von Politik ist. Ganz vorne rangiert dabei die Forderung nach Bürgschaften. Als Unternehmer können wir uns nicht darüber beschweren, wenn es immer höhere Steuerforderungen gibt, wenn wir auf der anderen Seite immer mehr Risikoübernahme durch den Staat einfordern. Der Staat kann nur das ausgeben, was er vorher von den Steuerzahlern einnimmt. Und er kann Schulden aufnehmen, die dann durch nachfolgende Generationen wieder getilgt werden müssen. Das alles wirkt auf uns zurück und wird durch unsere gesellschaftlichen und unternehmerischen Forderungen wesentlich mitbestimmt. Es ist aus meiner Sicht eine unternehmerische Mitverantwortung, den Staat von solchen Forderungen freizuhalten. Wir haben die positive Erfahrung gesammelt, dass der reine Fokus auf Netzwerke und Rahmenbedingungen weit mehr Türen öffnet als die Bitte um Subventionen, Fördermittel oder Bürgschaften.

Mit Blick auf die Rolle von Investoren ist es naheliegend, dass jede Risikominderung gerne angenommen wird. Am Beispiel Lilium und dem Scheitern des massiven öffentlichen Drucks auf eine Staatsbürgschaft wird allerdings deutlich, dass dieser Weg keineswegs ein Allheilmittel für den eigenen Fortbestand ist, sondern vielmehr ein substantielles Risiko darstellt. Nicht zuletzt auch wegen eines grundsätzlich fehlenden Rechtsanspruchs auf Staatsbürgschaften.

Unternehmertum bietet die Chance auf Wohlstand, birgt das Risiko des Scheiterns und trägt die Mitverantwortung für die Mitarbeiter und Partner der Wertschöpfungskette. Je ernster Ihr diese Verantwortung einschließlich der Chancen und Risiken nehmt, umso wichtiger wird auch aus Eurer Sicht die Rolle der Politik als Rahmengeber und Vernetzer.

How to read

»DIE ROLLE DER POLITIK«

› Welche gesetzlichen Rahmenbedingungen gelten
für meine Innovation?

› Welche Verbesserungsbedarfe sehe ich in den
gesetzlichen Rahmenbedingungen?

› Gehe ich heute schon aktiv auf Politiker zu, um
mit ihnen über die Verbesserung der Rahmenbedingungen zu sprechen?

› Habe ich bei meinen Verbesserungsvorschlägen
nur meine Innovation oder übergeordnete Vorteile
im Blick?

› Wie nutze ich heute schon das Netzwerk
von Politikern?

› Wie immunisiere ich mich gegen die allzu leichte
Forderung an die Politik, meine unternehmerischen
Risiken zu tragen und mir die Gewinne zu über-
lassen?

› Welchen Beitrag kann ich als Unternehmer leisten,
die Rückkehr der Politik zu ihrem angestammten
Einsatzbereich der Rahmensetzung zu unterstützen?

ECHTE NETZWERKE UND EHRLICHES INTERESSE

Was steckt drin

Innovation lebt von dem Interesse und der Unterstützung vieler. Auf dem Weg zur Umsetzung wächst die »Gemeinde« der Innovation immer weiter an. Die Innovation entwickelt eine eigene Anziehungskraft. Menschen aus anderen Bereichen kommen auf den Innovator zu und bieten ihre Unterstützung an. Nicht immer ist das Interesse jedoch ehrlich. Dann stehen eigene Beweggründe und Optimierungsziele im Vordergrund, die Innovation wird Mittel zum Zweck. Dennoch tut es gut, mit wachsendem Interesse und zunehmender Unterstützung konfrontiert zu sein. Welchen besonderen Stellenwert dabei echte Netzwerke und ehrliches Interesse einnehmen, ist Gegenstand dieser Episode.

Die Episode

Freundschaft ist ein wahres Geschenk. Ein Geschenk, das von zwei Seiten gegeben wird. Nicht einmalig, sondern kontinuierlich. Und jeder von uns weiß, dass man echte Freunde an einer Hand abzählen kann. Freunde sind ehrlich aneinander interessiert, sie helfen sich durch dick und dünn. Deswegen sind echte Freundschaften so wertvoll, so beständig, so kraftvoll. Bei Freunden fühlt man sich geborgen, auch wenn es mal nicht so gut läuft.

Dasselbe trifft auch auf echte Netzwerke und ehrliches Interesse zu. Innovation wird leichter, wenn man Hilfe von außen erfährt. Ein ehrliches Interesse beflügelt die eigene Schaffenskraft. Echte Netzwerke helfen einander, ohne sich selbst zu optimieren oder für jeden Gefallen die Hand aufzuhalten. Wir haben diese Geschenke auf unserem Weg bisher erhalten und wir schenken konsequent zurück.

Unsere Innovation ist mit unserem Erfinder im Verlaufe der Jahre durch einige Höhen und Tiefen gegangen. Mit ihr auch Unternehmer, die teilweise empfindliche Verluste erlitten haben. Als wir nach einer feindlichen Übernahme und erzwungenen Trennung von der bisherigen Mannschaft den Neuanfang gewagt hatten, kamen wir unweigerlich an den Punkt der Partnersuche für die spätere Serienproduktion. Mit offenen Armen und ehrlichem Interesse sind wir auf Partner zugegangen, die mit der Gruppe, die die feindliche Übernahme zu verantworten hatte, selbst Schiffbruch erlitten hatten. Wir haben dabei keinen Hehl aus unserem Weg gemacht. Wir haben unseren neuen Entwicklungsstand nicht überzogen dargestellt. Wir haben schlicht und ergreifend und ergebnisoffen gefragt, unter welchen Voraussetzungen es für diese potenziellen Partner denkbar und attraktiv wäre, gemeinsam mit uns einen neuen Anlauf für die Umsetzung unserer Innovation zu wagen. Und wir wurden mit offenen Armen empfangen.

Vorausgegangen war dieser Anfrage unser tatsächlicher Neustart. Aufbauend auf der Entdeckung unseres HPB Festionenleiters waren wir in der Lage, die letzten Rätsel der Vorläufertechnologie zu lösen und die Serienfertigung neu zu denken. Wir hatten also die Entscheidung für den Neustart bereits getroffen und organisatorisch umgesetzt. Wir hatten bereits unsere Hausaufgaben gemacht. In dem ersten Austausch mit unserem Wunschpartner für einen wesentlichen Teil des Anlagenbaus ging es zunächst um das Ausloten unserer Einstellung zu den negativen Erfahrungen im Kontext der Vorgängertechnologie. Im Anschluss ging es im Detail um die neuen Antworten auf die damals ungelösten Fragen. Den Höhepunkt, der mir auch heute noch eine Gänsehaut verschafft, war die Feststellung: »Jetzt lassen wir die Vergangenheit einmal ruhen und freuen uns auf eine erfolgreiche gemeinsame Zukunft.« Hier ging es nicht um die Ausnutzung eines Informationsgefälles zur Maximierung des eigenen Vorteils. Hier ging es um nicht weniger als das Ausloten eines ehrlichen wechselseitigen Interesses und den Aufbau eines echten Netzwerks.

In der Folge haben wir mit einem erheblichen Einsatz aller Beteiligten und durch die Hinzunahme weiterer Partner ein Team zusammengestellt, dass sich um die Beantwortung aller produktionsrelevanten Detailfragen gekümmert hat. Das ist vor allem deshalb ungewöhnlich, weil die gelernte Welt des Produktionsaufbaus gänzlich anders tickt: Dort geht es um einen ausschreibungsgeführten Angebotsprozess, bei dem das Lasten- und Pflichtenheft des Auftraggebers in ein Angebot überführt wird. In der Regel erhält der günstigste Anbieter den Zuschlag. Eine solche Vorgehensweise hat einige gravierende Nachteile für die Innovationsentwicklung. Einerseits liegt die Last der Festlegung der Anforderungen alleinig auf der Seite des Innovators, die Ideen der Technologiepartner werden aufgrund der unsicheren Beauftragungssituation und der Konkurrenz mit anderen Anbietern zurückgehalten. Andererseits führt die kostenorientierte Auswahl eines Realisierungspartners nicht zwangsläufig zur Auswahl des besten Partners. Wir kennen von etablierten großen deutschen Industrieunternehmen die Praxis, dass es begleitend zu einem solchen Angebotsprozess Abteilungen gibt, die Wahrscheinlichkeit und Umfang zu erwartender Nachträge aufgrund eines unvollständigen Lasten- und Pflichtenhefts berechnen, um die Gesamtwirtschaftlichkeit des Vorhabens bei günstigstem Einstiegsangebot und lukrativen Nachträgen zu gewährleisten. Davon hat niemand etwas.

Wir haben stattdessen von Beginn an kommuniziert, dass wir auf den einzelnen Partnerpositionen ohne Konkurrenz arbeiten. Dieses Commitment leben wir. Und dieses Commitment bekommen wir erwidert. Auf die Frage danach, ob wir dadurch nicht möglicherweise in eine Kostenfalle treten, können wir nur antworten, dass die Mentalität einer solchen Zusammenarbeit eher auf Kosteneffizienz statt auf einseitige Umsatzoptimierung hinausläuft. Immerhin bietet die Technologie das Potenzial für eine attraktive Wachstumsgeschichte. Die setzt allerdings ein wettbewerbsfähiges Angebot voraus. Insofern denkt jeder einzelne Partner auf seiner Position aktiv mit, wie Risiken minimiert und Kosten reduzierte werden können – gänzlich ohne die Sorge, nachher über den Preis von einem anderen ausgebotet zu werden. Diese Art der Zusammenarbeit setzt ganz besondere Innovationskräfte frei. Sie entspricht auf der unternehmerischen Ebene den wenigen echten Freundschaften, in deren Erhalt zu investieren sich für alle Beteiligten lohnt.

Worum es geht

Echte Netzwerke und ehrliches Interesse sind im unternehmerischen Kontext vergleichbar mit den wenigen echten Freundschaften, die unser Leben begleiten und bereichern. Auch unternehmerische Freundschaften sind keine Einbahnstraßen. Sie leben davon, dass man sich aufeinander verlassen kann, füreinander da ist – auch wenn es einmal schwierig wird.

Diese Einstellung ist ein seltener Fall in der aktuellen Realität. Zu oft geht es um eine Selbstoptimierung auf Kosten der anderen. Dabei gerät aus dem Blick, dass die Optimierung einer Gruppe mit gegenseitiger Wertschätzung wirkmächtiger als die individuelle Selbstoptimierung ist.

Ihr könnt für die Umsetzung Eurer Innovation ebenfalls solche Partnerschaften finden. Ihr müsst nur Eurerseits ein ehrliches Interesse an der Kompetenz und den Befindlichkeiten Eurer Partner mitbringen und selbst verlässliche Partner sein. Steht zu Eurem Wort. Bietet eine Zusammenarbeit, wie ihr sie Euren Freunden anbieten würdet. Ihr werdet sehen, dass diese Einstellung bereits die tradierten Regeln der Zusammenarbeit auf der Basis der Ausnutzung eines Informationsgefälles zur Selbstoptimierung auf angenehme Art aus den Angeln hebt. Ihr werdet Euch wohler in der Zusammenarbeit fühlen. Ich werdet feststellen, dass Eure Partner beginnen, im Sinne der Umsetzung Eurer Innovation mitzudenken.

Was Euch von Unternehmen, die damit nicht umgehen können, als Schwäche oder Naivität ausgelegt wird, entfaltet sich für die Umsetzung Eurer Innovation als tragfähiges Fundament eines gemeinsamen Erfolgs: Echte Netzwerke und ehrliches Interesse machen den Unterschied.

How to read

»ECHTE NETZWERKE UND EHRLICHES INTERESSE«

› Was verbindet mich mit meinen echten Freunden?

› Habe ich heute schon Geschäftspartner, die auf der unternehmerischen Ebene für mich Freunde sind?

› Wie finde und binde ich die passenden Freunde für die Umsetzung meiner Innovation?

› Ist mein Interesse an der Zusammenarbeit ehrlich, so wie ich es von meinem Partner erwarte?

› Bin ich für meine Partner ein Fels in der Brandung – auch dann, wenn mir ein anderer dieselbe Leistung vermeintlich viel billiger anbietet?

› Helfe ich anderen ebenso, wie ich Hilfe von anderen annehme?

› Wie stelle ich in meinem Verantwortungsbereich sicher, dass meine Netzwerkpartner anständig von dem Netzwerk profitieren?

ENGPASSMANAGEMENT

Was steckt drin

Wir alle kennen Engpässe. Das sind Zustände, in denen wir einen Mangel spüren oder erwarten. Engpässe haben ein vielfältiges Erscheinungsbild. Am eingänglichsten sind Engpässe, die mit der Ressourcenausstattung verbunden sind. Es gibt aber auch andere Engpässe, die sich subtiler zeigen, beispielsweise Hemmnisse beim Vertragsabschluss. Engpässe sind zudem im Zeitablauf bisweilen hoch variabel. Was gestern noch ein Engpass war, muss morgen schon keiner mehr sein und umgekehrt. Was der Unterschied zwischen einem echten Engpass und einer guten Ausrede ist und wie wichtig die Beseitigung der echten Engpässe ist, darum geht es in dieser Episode.

Die Episode

Als Technologieentwickler müssen wir viele technische Fragen beantworten. Dazu zählen Messungen, Produktionsabläufe, Anwendungsfragen. Für die Beantwortung solcher Fragen brauchen wir Ressourcen: Menschen, Maschinen und Material. Fehlt es an einer dieser Stellen, sprechen auch wir intern schnell von einem »Engpass«. Dann können wir elementare Fragen nicht beantworten, weil die Voraussetzungen dafür fehlen. Ein solcher Engpass kann sich schnell zu einer Blockade in den Köpfen ausweiten. Die unweigerliche Konsequenz ist Stillstand verbunden mit einer Pattsituation zwischen Engpassbeseitigung und Stillstandsauflösung.

Die Auflösung der Pattsituation zwischen Engpassbeseitigung und Stillstandsauflösung ist allerdings nur dann notwendig, wenn tatsächlich ein Engpass gegeben ist oder zu entstehen droht. Bis dahin ist eine andere Aufgabe erfolgskritisch: Zuhören und Mitdenken. Denn oftmals führen sprichwörtlich viele Wege nach Rom. Bevor es allerdings gelingt, alternative Wege nach Rom zu ergründen und schließlich auch zu gehen, ist es elementar, das Problem hinter dem vermeintlichen Engpass im Detail zu verstehen. Und genau da steigen viele Führungskräfte aber auch Innovatoren systematisch aus. Das Detail ist oft lästig. Es braucht Zeit. Es braucht Konzentration. Es braucht Aufmerksamkeit. Es braucht einen wachen Verstand. Sonst komme ich nicht an die echte Wurzel des Problems.

Es ist erstaunlich, wie oft Engpässe allein dadurch entstehen, dass Sinn und Zweck der Aufgabe an irgendeiner Stelle nicht verstanden sind. Oder, dass Art und Umfang der Aufgabe mit Blick auf die aktuelle Ressourcenausstattung schlicht unmöglich erscheinen. Dann befindet man sich ruck zuck in einer Engpassdiskussion, die im Kern eigentlich eine Scheindiskussion ist. Dann sollen die Engpässe zu der Erkenntnis verhelfen, dass diese Aufgabe oder Anforderung doch bitte zurückgestellt wird. Die »objektive« Unmöglichkeit soll das Fundament des Ablehnungskonsens werden.

Wir hatten eine solche Diskussion zu Beginn des Ausbaus unserer eigenen Manufaktur. Wir hatten das Ziel, eine definierte Menge von Musterzellen zu bauen, die uns bei der Beantwortung relevanter Fragen für die Serienproduktion maßgeblich voranbringen sollte. Das Problem: Wir brauchten diese Zellen schnell. Also haben wir eine Diskussion darüber geführt, was eigentlich genau fehlt, um die angestrebte Menge Musterzellen in der erhofften Kurzfristigkeit herstellen zu können. Natürlich fehlten uns Maschinen und Material. Und natürlich haben wir uns professionell über Alternativen unterhalten. Allerdings kamen wir erst ganz zum Schluss auf den eigentlichen Engpass. Als unser Leiter für die Technologieentwicklung sich ob unseres Drängens in einer ultimativen Verteidigungsdiskussion wähnte, brach es aus ihm heraus: »Es bringt mir gar nichts, wenn Ihr mir die Maschinen und das Material an die Rampe stellt. Wenn das überhaupt gelingen soll, dann brauche ich Klaus!« Da war der Engpass. Nach einem halben Tag der Diskussion. Klaus war zu diesem Zeitpunkt ein Mitarbeiter aus unseren Anfängen in der Nähe von Bonn. Ein Mitarbeiter in einer Chemiefirma, die einmal dem Freund unseres Erfinders gehört hatte. Dieser Freund hat uns in seinem Labor den Neustart ermöglicht. In dessen Labor hat unser Erfinder unseren einzigartigen HPB Festionenleiter entdeckt, unsere ersten HPB Feststoffakkus gebaut. Klaus hatte uns schon länger in dieser Anfangsphase unterstützt. Aber mit dem Umzug an unseren eigenen Manufakturstandort stand uns Klaus allein wegen der räumlichen Distanz nicht mehr zur Verfügung.

Und genau da beginnt das, was ich Engpassmanagement nenne. Denn jetzt war klar, wo es wirklich klemmte. Wir brauchten Klaus. Und das lieber gestern als heute. Wir haben die Gewinnung von Klaus kurzerhand zur Chefsache erklärt. Natürlich lösen sich Engpässe nicht nur dadurch auf, weil sie zur Chefsache erklärt werden. Das ist eher eine symbolische »Aufwertung«, die nicht mehr besagt, als der Beseitigung dieses Engpasses die höchste Priorität einzuräumen. Und natürlich gehört auch Glück dazu. Unser Glück war, dass die Umstände für uns und für Klaus günstig waren. Wir haben das Modell zweistufig aufgebaut. In Stufe 1 haben wir Klaus ein lukratives Angebot für eine dreiwöchige Unterstützung in unserer Manufaktur unterbreitet. Das konnte er umsetzen, ohne bei seinem damaligen Arbeitgeber in Misskredit zu fallen. Als er dann bei uns war, haben wir ihn mit Stufe 2 um seine »Hygienefaktoren« gebeten. Das sind die Konditionen, zu denen eine Entscheidung ohne jedes zukünftige Bedauern gefällt werden kann. Konditionen, die nachhaltig vorteilhaft gegenüber der Unterlassungsentscheidung sind. Kein Eiertanz um die möglichst besten Konditionen aus Firmensicht. Wir wollten Klaus unbedingt für uns gewinnen. Und genau das haben wir geschafft.

Engpässe zeichnen sich dadurch aus, dass ihre Beseitigung alternativlos ist. Bis dahin sind es nicht selten gute Ausreden. Die Auseinandersetzung mit den Gründen, warum bestimmte Dinge länger dauern als geplant, ist ebenso wichtig wie das konsequente und kontinuierliche Hinterfragen der Notwendigkeit hinter der gestellten Anforderung. Das ist vor allem dann eine echte Herausforderung, wenn verschiedene Disziplinen aufeinandertreffen. Vertrieb und Manufaktur sind bei uns ein solches Pärchen. Die Manufaktur ist unser Garant für die Vorbereitung der Serienproduktion. Sie ist auch die Wiege unserer wissenschaftlichen Teilhabe. So nennen wir die Notwendigkeit zur Publikation unserer Ergebnisse in einschlägigen Fachzeitschriften. Eine bessere Sichtbarkeit in der wissenschaftlichen Welt führt automatisch zu einer besseren Sichtbarkeit bei Analysten, Medienvertretern und schließlich möglichen Kunden. Der Vertrieb hat bei uns die Aufgabe, Abnehmer für unsere Technologie zu gewinnen. Dafür werden aber immer wieder unterschiedliche Fragen und Anforderungen an Testzellen gestellt. Schnell ist von der Notwendigkeit einer technischen Due Diligence die Rede. Das führt wiederum zu der Wahrnehmung des Risikos einer andauernden Defokussierung der Manufaktur-Aktivitäten. Und dieses Risikos kann man sich am besten mit Hilfe einer Engpassdiskussion erwehren.

Das ist der Teil, an dem wir gemeinsam und als Team jeden Tag besser werden. Die Beseitigung der wahrgenommenen Engpässe beginnt nämlich mit dem Hinterfragen der echten Notwendigkeit. Wir stellen beispielsweise fest, dass Interessenten an unserer Technologie umso mehr »Beweise« und »Anschauungsmaterial« benötigen, je schwächer ihr Commitment ist und je weiter sie von dem Thema entfernt sind. Die Anforderungen werden damit zu einem Spielball zwischen unserem Vertrieb und unseren Interessenten, den wir lange direkt in die Manufaktur durchgespielt haben. Dies in der Hoffnung, dass wir dadurch den entscheidenden Schritt in der Kundenbeziehung in Richtung Commitment vorankommen.

Wir haben inzwischen gelernt, dass dies oftmals nicht das Ergebnis unserer Bemühungen ist. Zu oft haben wir die externen Anforderungen internalisiert. Inzwischen gehen wir einen anderen Weg: Wir haben den Prozess der technischen

Due Diligence nicht nur standardisiert und an alle Zusatzleistungen, wie Beratung und Bemusterung, ein Preisschild gehängt. Wir haben auch damit begonnen, die gestellten Anforderungen unserer Interessenten auf deren Notwendigkeit hin zu überprüfen – bevor wir sie als Anforderung an unsere Manufaktur durchreichen. Es ist erstaunlich, wie viele Anforderungen sich einfach auflösen, wenn man über deren Sinn und Unsinn mit dem Interessenten spricht, wenn man deren Erfüllung einmal ein Preisschild umhängt. Am Ende geht es auch um die Frage: »Was haben wir davon«. Im internen Wettbewerb um Ressourcen müssen wir jeden Tag neu priorisieren. Und wir tun gut daran, uns jeden Tag um Prio 1 zu kümmern. Ist Prio 1 erledigt, bedeutet das noch lange nicht, dass Prio 2 von dieser Liste danach automatisch Prio 1 wird. Hier schalten wir die Repriorisierung bewusst dazwischen. So können wir gewährleisten, dass wir uns jeden Tag um die Themen mit Prio 1 kümmern.

Worum es geht

Engpässe tauchen in vielfältiger Form auf. Ihnen ist gemeinsam, dass deren Auflösung alternativlos ist für die Auflösung des Stillstandes, den sie erzeugen. Nicht jede Restriktion hat aber das Zeug für einen Engpass. Viele als Engpässe wahrgenommene Situationen lösen sich auf, wenn man deren Notwendigkeit oder Relevanz für die Erreichung des Ziels oder des nächsten Schrittes hinterfragt. Dann erscheinen sie auf einmal milder, nämlich als gute Ausrede. Je länger der wahrgenommene Engpass der eigenen Überprüfung standhält, desto besser ist die Ausrede. Die Unterscheidung zwischen Engpass und Ausrede ist deswegen von so großer Bedeutung, weil ein Engpass eine Bedrohung darstellt und eine Ausrede Sand in das Getriebe wirft. Beides ist schlecht. Doch beides erfordert eine unterschiedliche Lösungsstrategie. Es ist von elementarer Bedeutung für diese Unterscheidung, jedem Beteiligten zuzuhören und dessen Standpunkt im Detail zu verstehen. Erst auf diesem Fundament ist man überhaupt erst in der Lage, mögliche Alternativen zu diskutieren. Oft reicht schon die Änderung der Methode, um dasselbe Ziel mit anderen Mitteln und damit außerhalb des wahrgenommenen Engpasses zu erreichen. Partnerschaften können beispielsweise regelrechte Wunder bewirken. Das gelingt aber nicht, wenn man nicht zuhört und wenn man nicht versteht, worum es dem anderen im Kern, und damit »hinter den Kulissen«, eigentlich geht.

Engpassmanagement ist also im Wesentlichen ein Erkenntnisprozess, der darauf abzielt, die Ressourcen so effizient wie möglich einzusetzen und den Fokus auf das zu lenken, was wirklich fehlt. Das ist oft weniger als Ihr denkt und es ist oft anders als Ihr vermutet. Engpassmanagement dieser Art geht jeden etwas an. Es ist eine Fähigkeit, die Ihr trainieren könnt. Verkneift Euch die Wertung der Aussagen Eures Gegenübers, bevor Ihr deren Inhalt im Detail verstanden habt. Seid aufmerksam dafür, wenn Eure Aussagen nicht verstanden werden und sorgt dafür, dass Ihr verstanden werdet. Setzt die Scheuklappen Eurer eigenen Perspektive ab und öffnet Euch für den Gedanken, dass niemand morgens mit dem Ziel aufsteht, Fehler zu machen. Es muss also an der Position Eures Gegenübers etwas Richtiges dran sein. Überprüft, welche Alternativen denkbar wären, um zum selben Ziel zu gelangen – nachdem Ihr gemeinsam festgestellt habt, dass die Erreichung dieses Ziel, dass Ihr gerade so intensiv diskutiert, für Eure Innovation wirklich notwendig ist. Spielt das Engpassmanagement wie ein wohlklingendes Instrument und benutzt es nicht wie einen Taschenrechner. Engpassmanagement ist in erster Linie Erwartungsmanagement mit und zwischen Menschen mit ihrer individuellen Leidenschaft für Eure Innovation.

How to read

› Wie unterscheide ich heute zwischen Engpass und
Ausrede und sind mir beide ausreichend transparent?

› Wie sehr dominiere ich mit meiner eigenen Meinung
und höre nicht richtig zu?

› Werde ich heute schon richtig verstanden oder
muss ich hier besser werden?

› Besitzt das Engpassmanagement bei uns einen
angemessenen Stellenwert?

› Schenke ich den echten Engpässen die notwendige
Aufmerksamkeit zu deren Beseitigung?

› Motiviere ich oder frustriere ich mein Umfeld,
wenn ich über Engpässe spreche?

› Wie sorge ich dafür, dass allen die Bedeutung des
Engpassmanagements für Effizienz und Freude mit
der Innovation und im Unternehmen ausreichend
bewusst ist?

CHANCE ODER RISIKO

Was steckt drin

Die Umsetzung einer Innovation ist grundsätzlich mit enormen Chancen verbunden. Sie ist aber auch mit Risiken verbunden. Das Extrem ist dabei immer im Gepäck: Das Risiko des Scheiterns. Der Totalverlust. Die Entscheidung für das Risiko wird in dem Moment getroffen, wo sich der Innovator auf den Weg der Umsetzung seiner Innovation begibt. Der offizielle Startpunkt dieser Reise ist die Firmengründung. Jetzt ist die Innovation so weit gediehen, dass der Innovator in die Umsetzung geht. Mitgründer, Angehörige und Partner werden eingeladen, diese Reise zu begleiten. Warum mit der Gründung das größte Risiko bereits eingegangen worden ist und es sich gerade deshalb lohnt, ab diesem Moment der Chance den Steigbügel zu halten, darum geht es in dieser Episode.

Die Episode

Es gibt keine Chance ohne Risiko. Der Wegfall des Risikos macht aus der Chance eine Sicherheit. Innovation ist zuallererst einmal eine Chance. Mit der Firmengründung ist gemäß der Einschätzung des Innovators diese Chance so groß, dass es sich lohnt, sich auf die Reise zu machen. Eine Reise mit vielen Abenteuern und Entbehrungen. Mit Freude und Verzweiflung. Mit Höhen und Tiefen. Wie in Tollkiens »Herr der Ringe« profitiert auch der Innovator davon, Gefährten um sich zu scharen, um zu leisten, was er allein zu leisten nicht imstande wäre.

Alle sind motiviert von der Chance der Innovation. Keiner kennt den Weg, denn es ist deswegen eine Innovation, weil es zuvor noch keiner gemacht hat. Die Aufregung fühlt sich gut an und wird verursacht von einem nicht enden wollenden Strom von Glücksgefühlen. Mit der Zeit weicht diese anfängliche Euphorie der Realität. Man realisiert, dass der Weg doch alles andere als ein leichter Spaziergang ist. Gleichzeitig nährt einen der Stolz über die erreichten Meilensteine. Der Wert des Weges, den man bereits zurückgelegt hat, wird zu einer Antriebsfeder, einer Quelle der Motivation für den nächsten Abschnitt. Dieser Wert wird zu einem Wert an sich. Einem Wert, der zunehmend ein Wert wird, den es zu beschützen gilt. Wie der Ring für Gollum.

Jeder nächste Schritt birgt fortan das Risiko, das bereits Erreichte zu verlieren. Alles, wofür man bis dato so hart gearbeitet hat. Verlustängste treten an die Stelle der Euphorie. Der Risikofokus gewinnt die Oberhand. Für mich ist das vergleichbar mit dem beruflichen Lebensweg vieler Erwachsener. Nach der Schule stand uns allen das Tor zur Welt offen. Zumindest in meiner Generation konnten wir in der Regel frei auswählen, wohin wir uns beruflich entwickeln wollten. Wir haben Chancen abgewogen und uns für eine Richtung entschieden. Gefiel sie uns nicht, haben wir uns neu entschieden. Immer in dem Bewusstsein, dass wir alles erreichen können, was wir wollen. Das war die Zeit, in der wir uns nichts leisten konnten und dennoch in vollen Zügen das Leben genossen haben. War der Berufseinstieg erst einmal gelungen, kamen wir in den süßen Genuss des ersten verdienten Geldes. Der Lebensstandard stieg und mit ihm das vermeintliche Glück. Wer konnte und wollte, gründete eine Familie, kaufte ein Haus oder fand sein Glück in den Reisen um die Welt. Und ganz allmählich wurde dieser Standard zu einem Wert an sich. Ein Jobwechsel geriet zunehmend zum Risiko. Immerhin hätte man sich dafür neu behaupten müssen, hätte den Standard vielleicht verloren. Mit meinem Zwillingsbruder habe ich zum Ende unserer Dreißiger und zu Beginn unserer Vierziger diese Entwicklung rauf und runter diskutiert. Wir kamen schließlich auf die für uns beide äußerst bewegende Frage, wann man eigentlich genau aufhört, zu träumen. Wir beide haben in dieser Zeit die Entscheidung getroffen, uns noch einmal komplett neu zu orientieren. Die Chancen des Unternehmertums für uns zu heben, den vermeintlich sicheren Hafen der angestellten Beschäftigung zu verlassen. Getragen von unseren Familien durften wir wieder träumen.

Heute arbeiten wir gemeinsam und Seite an Seite für die Batterieinnovation. Er mit seinen Partnern und dem gemeinsamen Ingenieurbüro, ich als CEO der HPB, der Technologieentwicklerin dieser Innovation. Wir zeichnen uns beide dadurch aus, dass wir einen unbedingten Willen zur Umsetzung haben und einen Tag ohne Chancenfokus als einen verlorenen Tag wahrnehmen. Sowohl beruflich als auch privat. Das bedeutet für uns aber nicht, dass wir bei den bestehenden Risiken wegsehen. Im Gegenteil!

Der klare Fokus auf die Chancen lässt einen die Risiken ebenso klar erkennen. Die Kunst besteht in dem Umgang mit den Risiken, damit die Chancen gehoben werden können. Eines der größten Risiken einer Technologieinnovation ist der Sprung in die Serienproduktion. Dieses Vorhaben kann technisch scheitern, wenn man vor der Investition in die Serienfertigung seine Hausaufgaben nicht gemacht hat. Das Vorhaben kann aber auch scheitern, wenn man keine Finanzierung findet. Denn die drängende Frage danach, wann denn endlich mit der Produktion begonnen wird, blendet systematisch aus, dass es für die Serienproduktion die entsprechenden finanziellen Mittel geben muss. Einem Freund habe ich als Antwort auf seine Selbstzweifel aufgrund seines Versprechens zum Produktionsaufbau, der unerwarteten Dauer der Suche nach Investitionskapital und der Zunahme dieser bohrenden Fragen nach dem Start der Produktion folgende Nachricht geschrieben: »Genau! Du hast es auch seit Jahren versprochen. Und seit Jahren bekommt Deine Firma keine Unterstützung aus dem Kapitalmarkt. Zeig mir mal einen einzigen Top-Manager, der vollkommen ohne Geld eine Serienproduktion aufbaut. Gäbe es den, wärest Du tatsächlich kläglich gescheitert und ein elender Nichtskönner.«

Jede Finanzierung für den Aufbau einer Serienproduktion ist mit Risiken verbunden. Für uns gilt dies in einem besonderen Maße. Wir befinden uns mit unserer Batterieinnovation in einem absoluten Haifischbecken. Riesige Player, enorm große Märkte, Ankündigungsmanagement wo man hinschaut, eine Welle des Scheiterns großer Batterievorhaben in Europa. Und das Dilemma, dass wir die benötigten

Investitionen für den Aufbau einer Serienfertigung in Europa einfach nicht bekommen. Deshalb sind wir gezwungen, uns für andere Regionen dieser Welt zu öffnen. Regionen, in denen es eine andere Einstellung zu Innovationen und deren Finanzierung gibt. Dazu zählen die USA, China und der Nahe Osten. Ja, diese Regionen haben eigene Spielregeln, eigene kulturelle Besonderheiten. So ist es beispielsweise im Nahen Osten offenbar Usus, dass verschiedene Menschen und Institutionen an der Kapitalbeschaffung »beteiligt« sind. Natürlich gibt es unter denen auch Scharlatane. Die gibt es aber überall. Auffällig ist allerdings, dass man je nach eigener Herkunft und kultureller Einordnung die »Scharlatan-Dichte« regional komplett unterschiedlich gewichtet.

Wie erhält man in einem solchen Zusammenhang die Chance, ohne aufgrund des möglichen Scheiterns der Risikowahrnehmung den Hof zu machen, und diese Chance aufgrund seiner Vorurteile erst gar nicht zu verfolgen oder sie auf dem Weg zum Ziel vorzeitig aufzugeben. Wir haben eine Lösung gefunden, die dazu einlädt, den eigenen Umgang mit Chancen und Risiken für das eigene Unternehmen zu überdenken. Es ist ein Modell, das sicherlich ungewöhnlich ist, und dennoch funktioniert.

Gemeinsam mit einer unserer Lizenznehmerinnen haben wir für die Wahrnehmung einer Chance auf ein Darlehen aus dem Nahen Osten entschieden, das Risiko der Investition in die Darlehensauszahlung an Risikopartner zu externalisieren. Das bedeutet konkret, dass die notwendigen Zahlungen nicht von der Lizenznehmerin, sondern aus Sicht des Unternehmens von »externen Dritten« geleistet wurden. Dadurch reduzierte sich das Risiko für die Lizenznehmerin auf null. Die Chance auf den Erhalt des Darlehens, und damit das Risiko eines möglichen Betrugs änderte sich dadurch nicht. Risiko und Chance haben wir dadurch allerdings voneinander getrennt. Als Kompensation der Risikoübernahme durch unsere Risikopartner haben wir zwei Hebel genutzt: Einerseits haben wir eine attraktive Bonuszahlung an die Auszahlung des Darlehens geknüpft, die auf das Risikodarlehen abgestimmt war. Andererseits haben wir das Risiko durch die Abgabe von Aktien an der Lizenznehmerin für die Risikokapitalgeber kompensiert. Dadurch konnten wir die Risikopartner an der eigentlichen Chance des Unternehmens beteiligen. Ihr Vorteil hing also nicht ausschließlich an dem möglichen Betrugsrisiko eines solchen Darlehens. Im Ergebnis konnten wir durch dieses Modell einen sehr günstigen Einstieg in die Lizenznehmerin ermöglichen und haben – ohne jede finanzielle Belastung für das Unternehmen – die Chance auf ein Darlehen erhalten, dass uns endlich die Finanzierung der ersten Serienproduktion ermöglichen würde.

Dieses Beispiel zeigt, dass es im Ergebnis nicht immer auf die Abwägung von Chance gegen Risiko ankommt. Es ist bisweilen vorteilhaft, Chance und Risiko systematisch voneinander zu trennen, um die Chance zu erhalten und die Risiken zu kapseln, sie damit für alle Beteiligten tragbar zu machen, sollte der Risikofall tatsächlich eintreten. Im Ergebnis darf der Geist der Gründung nicht vergessen werden, dessen Bestreben es war, die Produktion aufzubauen, in den Erfolg zu kommen. Ohne die Risiken außerhalb Europas einzugehen, bliebe als einzige Chance, sich dem sicheren Tod auf Raten innerhalb Europas anheimzustellen.

Worum es geht

Der Titel dieser Episode spielt mit der naheliegenden Abwägung von Chance gegen Risiko und einer digitalen Entscheidung zwischen beiden. Risikomanagement hat allerdings nicht die Aufgabe, Risiken zu eliminieren. Vielmehr geht es darum, den Eintritt der Risiken für alle Beteiligten erträglich zu gestalten. Nur vor dem Hintergrund erträglicher Risiken lassen sich die damit verbundenen Chancen vertretbar verfolgen. Es gibt also smartere Gestaltungsmöglichkeiten als eine digitale Abwägung von Chance gegen Risiko. Dafür ist es erforderlich, das Risiko effektiv zu kapseln, damit es den Geist der Gründung, nämlich die erfolgreiche Umsetzung der Innovation, möglichst nicht trifft. Dafür ist es im Umkehrschluss erforderlich, eine attraktive Beteiligung an der Chance zu gewähren, und zwar denen, die das Risiko kapseln helfen. Dadurch gelingt es, für alle Beteiligten eine im Vergleich zu ihrer individuellen Ausgangssituation vorteilhaftere Situation zu schaffen. Niemand stellt sich bei Eintritt des Risikos also schlechter als bei der Unterlassensalternative.

Dieses Modell ändert an der Eintrittswahrscheinlichkeit des Risikos gar nichts. Denn die Scheiterungsrisiken lassen sich davon in der Regel nicht beeindrucken. Es ermöglicht allerdings einen vollen Fokus auf die Chance. Auf die Chance für den Durchbruch der Serienproduktion. Treten die Risiken ein, also platzt die Finanzierung gleich aus welchem Grund, werden alle umstehenden aufstehen und blöken: »Das war doch von Beginn an klar. Das hättet Ihr sehen müssen. Was für ein Managementversagen.« Wenn Ihr das Modell aber richtig ausbalanciert habt, wird dieser Vorwurf allerdings von keinem Mitglied der Risiko- und Gewinnverteilungsgemeinschaft kommen. Deren Deal ist unverändert vorteilhaft. Dann geht es nur darum, die nächst Chance in den Blick zu nehmen. Wenn die Risiken nicht eintreten, die Finanzierung also gelingt, werden alle sagen, dass sie das absolut genauso gemacht hätten, dass das Modell absolut naheliegend ist, ein »no-brainer«. Das zeigt, dass die Außenstehenden immer Recht haben. Es zeigt aber auch, dass es Eure Verantwortung ist, die Chancen in den Fokus zu nehmen. Denn mit einer Risikofokussierung werdet Ihr die Chancen verpassen, die Euch dabei helfen, dem Geist der Gründung seine Erfüllung zu schenken.

How to read

»CHANCE ODER RISIKO«

› Welchen Schwerpunkt haben Chancen in meinem aktuellen Alltag?

› Was machen Risiken mit mir und wie gehe ich mit Risiken um?

› Wie steht es um meine interkulturelle Kompetenz, meine internationale Kommunikationsfähigkeit?

› Wäge ich Chancen gegen Risiken ab?

› Welche Optionen sehe ich, um Chancen und Risiken strukturell und systematisch voneinander zu trennen?

› Bin ich bereit, für die externe Risikoübernahme ein ordentliches Stück vom Kuchen abzugeben?

› Wen könnte ich aufnehmen in den Kreis der Begünstigten eines solchen Modells?

SKIN IN THE GAME

Was steckt drin

Bei der Umsetzung von Innovationen sind der innere Antrieb, die Überzeugung und das benötigte Know-how wichtige Triebfedern für den Erfolg. Diese Triebfedern lassen sich allerdings schlecht messen. Zu unsicher ist der genaue Umsetzungsfahrplan, zu unsicher das Innovationsumfeld. Diese Unsicherheit wird von zwei relevanten Protagonisten unterschiedlich wahrgenommen und adressiert: Der Innovator würde gerne aus dem Vollen schöpfen und mit den benötigten Ressourcen und der erforderlichen Zeit seine Innovation ohne äußeren Druck in den Erfolg führen. Die Investoren möchten ein Höchstmaß an Sicherheit für ihre finanzielle Risikoübernahme erhalten. Es erscheint also aus zwei Perspektiven heraus vorteilhaft zu sein, wenn der Innovator sich mit »Haut und Haaren« seiner Innovation verschrieben und damit seine »Skin in the Game« hat. Was es damit noch auf sich hat, darum geht es in dieser Episode.

Die Episode

»Skin in the Game« ist einer der »ewigen Sätze« der Investoren. Besonders eindrücklich klingt er, wenn ein leichtes Lispeln die Melodie begleitet. Dieser Satz wird flankiert von einer ganzen Reihe von Fragen, die darauf abzielen, in Erfahrung zu bringen, wie umfassend sich der Innovator mit seiner Innovation identifiziert und wieviel Risiko er selbst bisher eingegangen und noch einzugehen bereit ist, um die Innovation in den Erfolg zu führen. Dabei geht es in der Bewertung der Antworten, die der Innovator gibt, vordringlich um die zukunftsorientierten Aussagen. Die Vergangenheit ist aus Sicht der Investoren oftmals von nachgelagerter Bedeutung, da man die Vergangenheit eh nicht ändern kann und der Kapitalbedarf ja nicht daher kommt, dass in der Vergangenheit bereits erfolgreich die richtigen Weichen gestellt worden wären. Sonst säße man ja gerade nicht zusammen.

Auf eine sehr einfache Ebene gehoben erscheint es aus Sicht vieler Investoren vorteilhaft, wenn der Innovator so viel Risiko übernommen hat und weiterhin übernimmt, dass er im Falle des Scheiterns buchstäblich alles verliert. Dann, so die landläufige Hypothese, wird der Innovator alles daransetzen, seine Innovation in den Erfolg zu führen. Bedingungslos. Das nennen diese Investoren gerne »ausreichend« »Skin in the Game«. Doch diese Hypothese ist nicht nur falsch, sondern auch gefährlich. Gefährlich für den Innovator, gefährlich für die Innovation und damit im Ergebnis auch gefährlich für den Investor. Dieses Modell erinnert an die Gladiatorenkämpfe im antiken Rom, die es heute im Untergrund immer noch gibt. Dort kämpften Gladiatoren um Leben und Tod. Das Publikum konnte entfesselt dem

Spektakel beiwohnen. Sie mussten ja nicht um ihr Leben bangen. Für sie gab es nur den Kick des Voyeurs. Ähnlich verhält es sich bei Investoren dieser Denkschule: Auch sie setzen ihrerseits natürlich nicht alles auf eine Karte. Hängen also keinesfalls in vergleichbarer Form am Erfolg der Innovation wie der Innovator, der bereit ist, alles zu verlieren.

Solche Investoren kommen auf einem zu hohen Ross dahergeritten. Sie sind bereit, in Kauf zu nehmen, dass ihr Gladiator stirbt. Dann setzen sie beim nächsten Mal einfach auf einen neuen Gladiator. Hauptsache, der Spaß an der Sache geht nicht verloren. Und genau da liegt der wesentliche Knackpunkt dieser Denkschule: Erst wenn der Innovator und die Investoren mit derselben Leidenschaft für die Innovation den inneren Antrieb des Innovators beflügeln, die Überzeugung des Innovators teilen und das fehlende, benötigte Know-how bereitwillig für die Umsetzung einbringen, arbeiten diese wichtigen Triebfedern für den Erfolg in dieselbe Richtung. Arbeiten diese Triebfedern gegeneinander, neutralisieren sie sich im besten Fall. Im schlimmsten Fall zerstören sie sich gegenseitig und das ist dann das Ende der Innovation.

In der frühen Phase unseres Unternehmens hatten wir die Gelegenheit, bei einem Investment-Committee vorsprechen zu dürfen. Die wesentliche Frage, die die Herren dieser Runde bewegte, war die, ob wir selbst bereits alles investiert hätten, was wir investieren können. Unsere Antwort war leichtsinnig und zu schnell gegeben. Sie lautete: »Nein. Ebenso wie Sie können wir es uns nicht leisten, alles auf eine Karte zu setzen.« Ein aus damaliger Sicht ärgerlicher, schwerer und unnötiger Stoppfehler. Eine Antwort im Affekt. Die Absage kam noch während des Meetings. Wir hätten nicht ausreichend »Skin in the Game«. Es ist müßig, darüber zu streiten, ob unsere Firmenentwicklung einen anderen Verlauf genommen hätte, wenn wir einfach »ja« gesagt hätten. Allerdings ist es keinesfalls müßig, darüber nachzudenken, ob solche Investoren überhaupt die richtigen Partner für die Umsetzung der Innovation sind.

Die Grundidee von »Skin in the Game« setzt im Kern auf einer systematischen Knappheit auf. Eine Knappheit, die für den Innovator im Idealfall eine permanente existenzielle Bedrohung darstellt. Nur dann – so die Hypothese – gibt der Innovator sein Bestes für die Umsetzung der Innovation. Allerdings ist Angst grundsätzlich der schlechteste Berater. Warum sollte man also diesen Berater dauerhaft an die Seite des Innovators stellen? Es arbeitet sich nicht frei mit dem Rücken an der Wand. Nur die wenigsten können mit einer solchen Belastung tatsächlich umgehen. Auch entfallen auf diese Weise notwendige Investitionen, weil man sich die nicht auch noch vom Munde absparen kann. Das verzögert die Entwicklung und ist am Ende des Tages ein substantielles Risiko für eine erfolgreiche Umsetzung der Innovation.

Worum es geht

Es geht um die richtige Einordnung der Frage nach Eurer »Skin in the Game«. Aus welcher Richtung kommt diese Frage? Steckt die Idee Eurer Existenzangst als stärkster Antrieb für den Erfolg dahinter? Egal, in welcher Situation Ihr Euch befindet: Lasst Euch durch niemanden die Angst als Berater an die Seite stellen.

Es ist wichtig und richtig, dass Ihr Euch mit »Haut und Haaren« Eurer Innovation verschreibt. Es darf aber von niemandem erwartet werden, dass Ihr Eure gesamte Existenz für Eure Innovation aufs Spiel setzt. Vielmehr geht es um eine klare Vorstellung über die nächsten Schritte, das Geschäftsmodell und die wesentlichen Voraussetzungen für eine erfolgreiche Umsetzung Eurer Innovation. Aus dem Vollen schöpfen sollte nicht mit Verschwendung gleichgesetzt werden. Es geht darum, für die notwendigen Investitionen die ausreichenden Mittel zu bekommen – das schließt die Überwindung Eurer Existenzangst durch eine adäquate Vergütung ausdrücklich mit ein.

Ist Eure Innovation und die damit verbundene Chance »nur« eine Chance für den Investor, sein Geld zu vermehren, ohne dass Eure Triebfedern in dieselbe Richtung arbeiten, werdet Ihr samt Eurer Innovation zu einem Gladiator des Investors. Ihr könnt Glück haben und Eure Innovation erfolgreich umsetzen. Aber bei jedem Schritt werdet Ihr die Last der Existenzangst aus »Skin in the Game« spüren. Das ist die größte Last, die Ihr Euch und Eurem Umfeld aufbürden könnt. Prüft deshalb sorgfältig, welche Intention mit der Frage nach Eurer »Skin in the Game« verbunden ist. Eine Einladung zur Grillparty ist nur dann mit einer Aussicht auf einen schönen Abend verbunden, wenn Ihr nicht das Fleisch auf dem Grill seid.

How to read

»SKIN IN THE GAME«

> › Teilt mein potenzieller Investor meine Leidenschaft für die Innovation?

> › Beflügeln die Ideen und Ansätze des potenziellen Investors meinen inneren Antrieb für die Umsetzung der Innovation?

> › Teilt mein potenzieller Investor meine Überzeugungen für die Umsetzung meiner Innovation?

> › Kann der potenzielle Investor das mir fehlende, benötigte Know-how für die Umsetzung einbringen?

> › Wie wichtig ist meinem potenziellen Investor mein privates Wohlergehen?

> › Was ist die »Skin in the Game« meines potenziellen Investors für mich und meine Innovation?

> › Fühlt es sich für mich gut und richtig an, wenn ich mit diesem Investor zusammenarbeite, oder reduziert sich meine Freude auf die kurzfristige Erleichterung der finanziellen Unterstützung?

WENN DIE IDEE STIRBT

Was steckt drin

Man hört von fast jeder erfolgreichen Innovation, dass es auf dem Weg in den Erfolg mindestens einmal ganz schön eng gewesen ist. Nur knapp ist die Innovation, die nun so klar und strahlend für alle auf dem Tisch liegt, dem Tod von der Schippe gesprungen. Und es gibt mehr Beispiele für den Tod einer Innovation als solche für den Weg in den Erfolg. Das ist das harte Los der Innovatoren und ihrer Innovationen. Welche Mechanismen greifen, wenn eine Idee stirbt, und welches Kraut dagegen gewachsen ist, darum geht es in dieser Episode.

Die Episode

Eine Innovation ist ein besonderes Wesen. Sie hat aufgrund des Erfindungsreichtums des Innovators eine eigene Seele und in der Gestalt einer Firma einen eigenen Körper. Für mich ist das Sterben einer Idee vergleichbar mit dem Erfrieren eines Menschen. Dieser Tod kommt nicht plötzlich, er kommt schleichend. Der Körper wehrt sich. Der Körper reagiert. Der Körper entscheidet. Bis er nicht mehr kann. Am Ende steht der Tod. Auf dem Weg dahin gibt es eine Reihe von Maßnahmen, die dabei helfen, dem Tod durch Erfrieren zu entrinnen. Im Kern hilft jedoch nur eins: Wärme.

Bevor wir die Übertragung des Erfrierens auf das Sterben einer Idee wagen, sollten wir uns den Prozess des Erfrierens am Beispiel des menschlichen Körpers vergegenwärtigen. Dieser Prozess ist aus medizinischer Sicht ein dreistufiger Prozess und baut darauf auf, dass der menschliche Körper in der Lage ist, seine Temperatur trotz variierender äußerer Umstände konstant zu halten. Werden die äußeren Einflüsse zu stark, ergreift der Körper Maßnahmen, die in ihrer Konsequenz mit fallender Körpertemperatur immer radikaler werden. Zuerst versucht der Körper durch Muskelzittern die fehlende Wärme zu produzieren. Dieses Muskelzittern tritt automatisch ein, wenn es zu kalt wird. Gleichzeitig ziehen sich die Blutgefäße zusammen, so dass die Extremitäten weniger durchblutet werden. Das bietet dem Körper die Möglichkeit, die Wärme auf den inneren Kern zu konzentrieren. Die verminderte Zirkulation sorgt dafür, dass das kalte Blut in den äußeren Regionen und das warme Blut im Kern verbleibt. Fällt die Körpertemperatur trotz dieser Gegenmaßnahmen weiter ab, kommt es nach und nach zu einer Bewusstseinstrübung. Sie kann so weit gehen, dass der

Geist Unsinn produziert. Mediziner bezeichnen diesen Zustand als Kälteidiotie. Gleichzeitig schwinden die Reflexe und das Muskelzittern hört auf. Fällt die Körpertemperatur noch weiter ab, kommt es zur Bewusstlosigkeit, Herzrhythmusstörungen verursachen Atem- und Kreislaufstillstand, die sich durch einen unregelmäßigen und schwachen Puls ankündigen. Auf der Grenze zum tatsächlichen Tod passiert der Körper das Stadium des Scheintods, das dadurch gekennzeichnet ist, dass aufgrund der geringen Körperfunktionen von außen nur noch schwer erkennbar ist, ob der Mensch noch lebt oder schon tot ist.

So schwierig die Vorstellung des eigenen Todes ist, so hilfreich ist die Übertragung des Todes durch Erfrieren auf das Sterben einer Idee. Denn die wesentliche Ursache für den Tod durch Erfrieren ist eine Kälteeinwirkung von außen, die zu einer abnorm niedrigen Körpertemperatur führt. Nur selten ist der Tod durch Erfrieren eine »innere Angelegenheit«, eine Störung der Temperaturregelung durch den Hypothalamus. Eine weitere gute Botschaft bei diesem Vergleich ist, dass dieser Tod nicht plötzlich kommt, sondern sich ankündigt und durch rechtzeitige Zufuhr von Wärme aufgehalten und die Schäden minimiert werden können.

Übertragen auf die Innovation ist die Körpertemperatur eines Unternehmens am besten zu beschreiben durch seine Liquidität. Die Fähigkeit, Rechnungen bezahlen und die eigenen Aktivitäten am Laufen halten zu können. Im Bilde des Sterbens durch Erfrieren, ist eine abnehmende Liquidität vergleichbar mit der fallenden Körpertemperatur, Wärme vergleichbar mit der Zuführung von Kapital in die Liquiditätsreserve. Eine wesentliche Stütze bietet auch der Anatomie-Vergleich: Denn beim Erfrieren werden zwar die Extremitäten weniger durchblutet, aber sie werden nicht abgeworfen wie bei einer Echse, die sich bei einem Angriff durch einen Räuber von ihrem Schwanz trennen kann, der anschließend einfach wieder nachwächst. Im Gegenteil, nach Überwindung der Unterkühlung sollten alle Körperteile noch vorhanden sein und wieder uneingeschränkt funktionieren. Nur in der äußersten Not müssen Amputationen vorgenommen werden. Die geschehen dann von außen und gehören damit nicht in den Kanon der körpereigenen Schutzmaßnahmen.

Diese Perspektive ist wichtig, da bei sinkender Liquidität zu oft und zuerst darüber nachgedacht wird, von welchen »Körperteilen« man sich trennen kann. Da kommen Vorschläge wie die Freisetzung von Mitarbeitern, die Veräußerung des »Tafelsilbers« oder gar eine gezielte Insolvenz zur Auslagerung der Personalkosten in den Sinn. Das sind alles Maßnahmen, die auf den »Verlust von Körperteilen« setzen. Maßnahmen, die der erfrierende Körper nicht auf dem Zettel hat, und die nur als Ultima Ratio, als allerletzte Option, durch einen externen Chirurgen umgesetzt werden können. Bei dieser Betrachtung dominiert die Perspektive des bevorstehenden Todes der Idee die Gedanken. Die Frage nach den Konsequenzen dieser Trennung von Körperteilen nach Abwehr des Kältetodes kommt gar nicht erst in den Sinn. Um dies besser greifbar zu machen, hilft folgende Überlegung: Personalkosten sind üblicherweise die wesentlichen Treiber der laufenden Kosten. Die Freisetzung von Personal scheint deshalb oft eine naheliegende Lösung zu sein. Allerdings steht dieser Maßnahme das Risiko gegenüber, dass bei den direkt und indirekt betroffenen Menschen durch die Freisetzung eine solche Verunsicherung und Überforderung verursacht wird, dass sie nach Überwindung der Kälte, also nach dem Zufluss frischer Liquidität, ihr Vertrauen in den gemeinsamen Weg verloren haben und nicht mehr für die Umsetzung der Innovation zur Verfügung stehen. Fachkräftemangel trifft vor allem solche Unternehmen, für die Mitarbeiter eine austauschbare Ressource sind, die man möglichst günstig einkaufen sollte.

Ebenso kurzsichtig sind Maßnahmen, die auf die »Veräußerung des Tafelsilbers« setzen. Ist das Tafelsilber erst einmal verkauft, versiegt die Quelle dieser Lösungsstrategie. Wenn nicht gleichzeitig dafür gesorgt wird, dass die Ursache der Kälteeinwirkung von außen überwunden wird, ist diese Maßnahme so wärmend und hilfreich wie ein Strohfeuer. Solchen Maßnahmen fehlt die Nachhaltigkeit im Sinne des Überlebens der Innovation nach Überwindung der Kälte.

Bevor also Maßnahmen ergriffen werden, die innerhalb des Unternehmens den Liquiditätsbedarf senken, wie dies beispielsweise durch die Freisetzung von Mitarbeitern gelingt, oder die Liquidität kurzfristig erhöhen können, wie dies durch den Verkauf des Tafelsilbers einmalig möglich ist, geht es um die zentrale Frage, wie dem Unternehmen von außen neue Liquidität zugeführt werden kann. Durch welche Maßnahmen schaffe ich bei den richtigen Menschen das erforderliche Vertrauen, damit sie mit frischer Liquidität unterstützen? Wie finde ich diese Menschen und was biete ich ihnen an?

Im Kern geht es um die »Neuerfindung im Außen« statt der »Kurzfristrettung im Inneren«. Und diese Neuerfindung im Außen hat Zeit. Immerhin habt Ihr auf der Basis einer soliden Finanzplanung selbst am besten im Blick, bis wann Ihr frische Liquidität benötigt. Die wichtigste Botschaft in diesem Zusammenhang lautet: Fangt rechtzeitig mit dieser Neuerfindung an. Geht in Resonanz mit eurem Umfeld und klärt ab, was Eure Innovation für Geldgeber spannend macht. Denkt auch darüber nach, was Ihr anzubieten habt, wenn Euch jemand die benötigte Liquidität verschafft. Bleibt flexibel im Kopf und auf den Erfolg Eures Vorhabens konzentriert. Wendet den Blick ab von dem drohenden Kältetod, denn der führt Euch in Entscheidungen, die nachteilig für die Fortsetzung Eures Weges nach Überwindung des Liquiditätsengpasses sind. Kurzum: Vermeidet die Kälteidiotie. Unterscheidet strikt zwischen Strohfeuer und dem Abstellen der Kältequelle. Konzentriert Eure Kräfte auf die Chancen, denn nur so fokussiert Ihr auf Euer Überleben.

Worum es geht

Hoffnung ist keine Strategie. Das ist eine alte Management-Weisheit. Hoffnungslosigkeit führt jedoch schnell in die falsche Richtung. Sie ist im Bild des Kältetods der Vorbote der Kälteidiotie. Eine Bewusstseinsstörung, die den Blick auf den drohenden Tod und die Abmilderung seiner Konsequenzen lenkt. Maßnahmen wie eine Insolvenz in Eigenregie, die Freisetzung von Mitarbeitern und der Verkauf des Tafelsilbers zählen in diese Rubrik. Sie sorgen für eine schleichende Überforderung des Unternehmens und der handelnden Akteure. Die Verzweiflung wächst, man sieht sich umgeben von Gegnern der eigenen Innovation, von Feinden.

Der Vergleich des Sterbens einer Idee mit dem Sterben durch Erfrieren hält allerdings ein paar sehr positive Botschaften für Euch und Eure Innovation bereit: Im Kern geht es um Eure Liquiditätssicherung. Die kommt nachhaltig nur von außen. Nicht von innen durch Beschneidung oder Trennung von Unternehmensressourcen. Wenn Ihr eine interne

Fehlfunktion Eures Innovations-Hypothalamus ausschließen könnt, Eure Innovation also auf einem soliden inhaltlichen Fundament steht, solltet Ihr den Blick auf Eure Umwelt richten. Es geht um Eure kontinuierliche »Neuerfindung im Außen«, die Wahrnehmung Eurer Innovation bei denjenigen, die Euch mit frischer Liquidität unterstützen können.

Umso wichtiger ist dafür Euer eigener Fahrplan. Was braucht es für die Umsetzung Eurer Innovation als nächsten Schritt? Das ist wesentlich wichtiger als eine externe Zielsetzung in Form einer Bedingung für die Liquiditätssicherung. Solche Bedingungen können nämlich dazu führen, dass das Ambitionsniveau zu stark steigt, infolgedessen die Ressourcen aufgestockt werden müssen, was wiederum dazu führt, dass Ihr in kürzerer Zeit mehr Liquidität zum Überleben braucht. Fokussiert auf Euren Plan. Gewinnt dafür die Unterstützer. Erzählt Eure Geschichte und bietet denjenigen, die Euch in dieser Situation helfen, eine anständige Beteiligung an der Chance.

Wir fokussieren und kombinieren konsequent die Chancen für unsere Innovation und unsere Unterstützer. Unser Geschäftsmodell als Technologieentwickler liegt in der Vereinnahmung von Lizenzgebühren. Damit bleibt unsere Kostenstruktur auf Dauer verhältnismäßig niedrig. Dennoch müssen auch wir die Liquidität im Blick behalten und die Zeit bis zum Produktionsbeginn bei unseren Lizenznehmern so überbrücken, dass wir unterwegs nicht den Kältetod sterben. Auf diesem Weg haben wir schon diverse Angebote bekommen, die regelmäßig mit einem sehr hohen Preis versehen waren. Risiken im Beipackzettel, die wir ohne den Druck nicht einzugehen bereit wären. Mit unserem konsequenten Fokus auf die Umsetzung und die Chancen gelingt es uns immer wieder, uns neu zu erfinden im Außen. Diese Konsequenz hilft uns auch dabei, solche vermeintlichen Chancen mit Beipackzettel nicht zu ergreifen, sondern weiter nach den passenden Unterstützern zu suchen. Maßnahmen, die den Liquiditätsbedarf strukturell erhöhen, mögen kurzfristig eine Wärmequelle sein, führen aber möglicherweise sehr viel schneller und früher zu immer heftigeren Kältewellen für das Überleben Eurer Innovation.

Ebenso, wie sich ein Körper auf die Kernfunktionen konzentriert, ohne Körperteile im Kampf gegen die Kälte abzuwerfen, solltet Ihr Eure Menschen und Ressourcen für die Umsetzung Eurer Innovation als Kern begreifen, den es unbedingt zu schützen gilt. Es sind und bleiben die Menschen, die den Unterschied für Eure Innovation machen – so oder so.

How to read

»WENN DIE IDEE STIRBT«

› Habe ich eine Finanzplanung, die mir eine ausreichende Transparenz über die Liquidität meines Unternehmens verschafft?

› Schenke ich der Liquiditätssicherung die notwendige Aufmerksamkeit?

› Habe ich in meinem Unternehmen alle relevanten Menschen für die Liquiditätssicherung sensibilisiert und aktiviert?

› Habe ich den Fokus auf die Chancen oder die Risiken der Liquiditätssicherung?

› Wie stelle ich sicher, dass die Lösungen zur Liquiditätssicherung kein Tor für weitere, schnellere und heftigere Kälteeinbrüche sind?

› Durch welche Maßnahmen schaffe ich bei den richtigen Menschen das erforderliche Vertrauen, damit sie mit frischer Liquidität unterstützen?

› Wie finde ich diese Menschen und was biete ich ihnen an?

KREATIVITÄT ALS BESTE ANTWORT AUF WIDERSTAND

Was steckt drin

Widerstand ist das Bollwerk der Gegenwart. Er ist Zeugnis einer Überforderung, Zeugnis eines kollektiven Willens für einen bestimmten Zustand. Innovationen sind davon in besonderem Maße betroffen. Menschen wollen und müssen bei Veränderungen mitgenommen werden. Nicht jeder Widerstand gegen Innovation ist daher unüberwindbar. Sprichwörtlich »mit dem Kopf durch die Wand« zu gehen, ist nicht immer der leichteste Weg. Auch garantiert er keinesfalls den Erfolg. Alternativen zu ersinnen, rechtzeitig umzudenken, generell flexibel für den Weg bei eindeutigem Ziel zu bleiben, das ist die Kreativität, die es braucht, um eine Innovation in den Erfolg zu führen. Warum Widerstand sogar ein Gradmesser der Innovationskraft ist, darum geht es in dieser Episode.

Die Episode

Ja, aber! Das hören Innovatoren häufig. Das ist verständlich. Immerhin geht es um Innovation, also um etwas Neues. »Ja, aber…« nervt allerdings auch mit der Zeit. Es scheuert wund. Immer wieder braucht es Erklärungen, immer wieder beginnt man gefühlt bei null. Der Wert der Innovation will einfach nicht erkannt werden. »Ja, aber…« bietet allerdings auch die Chance, die eigene Geschichte konsequent zu hinterfragen. Sich zu prüfen, ob das, was man zur Innovation teilt, vielleicht sogar notwendigerweise bei denen, die man überzeugen möchte und die noch nicht »im Thema« sind, Unklarheit und Zweifel hervorruft. »Ja, aber…« ist die harmloseste Form des Widerstandes. Ihre Lösung liegt weitestgehend im eigenen Verantwortungsbereich des Innovators.

Eine weitere Stufe ist das »Friendly Fire« aus dem engeren Umfeld der Innovation und des Innovators. Es betrifft im weitesten Sinne die Uneinigkeit über Teile des Weges in den Erfolg oder gar diametrale Vorstellungen über die richtige Richtung. Dieser Widerstand kostet vor allem im Innenverhältnis im Zweifel sehr viel Kraft. Es ist allerdings nicht minder wichtig, auch diese Form des Widerstandes zu überwinden. Das geht im besten Fall durch Kommunikation, Erklärung und Konsens. Dafür ist es wichtig, die jeweiligen Standpunkte ernstgemeint anzuhören und daraufhin zu überprüfen, welche Verbesserungspotenziale in ihnen stecken. Es ist oft der Kompromiss aus verschiedenen Perspektiven, der den Weg in den Erfolg ebnet, ihn leichter werden lässt. Problematisch sind in dieser Widerstandskategorie diametrale Gegensätze. Sie können beispielsweise die grundlegende Ausrichtung des Geschäftsmodells betreffen. Einen solchen

Gegensatz haben wir immer wieder in der Diskussion um die Lizenzierung unserer Technologie im Gegensatz zu dem Aufbau einer eigenen Produktion. Wenn alle inhaltlichen Argumente ausgetauscht, alle Verbesserungspotenziale durch Konsens und Zusammenlegen der besten Ideen gehoben sind und weiterhin Uneinigkeit über den besten Weg herrscht, dann braucht es eine Entscheidung. Diese Entscheidung lässt sich nach einer solch reiflichen Auseinandersetzung und Überlegung schlüssig begründen und setzt einen verlässlichen Rahmen für die weitere Ausgestaltung. Rückwärts betrachtet muss es nicht der richtige Weg sein. Der Eiertanz um den besten Weg verschwendet allerdings auch eine Menge an Ressourcen und gibt vor allem keine belastbare Orientierung. Bei einer vernünftig begründeten Entscheidung ist Widerstand zurecht zwecklos. Das schaltet den Widerstand nicht aus, ordnet ihn jedoch ein. Das heißt übrigens nicht, dass sich die inhaltlichen Gründe des Widerstands auf dem weiteren Weg nicht doch bewahrheiten können. Dann ist es Zeit, innezuhalten und den eigenen Weg erneut infrage zu stellen. Wichtig für die eigene Orientierung und die der Wegbegleiter ist allerdings eine klare Entscheidungsbasis.

Ein Beispiel aus unserem Geschäftsmodell verdeutlicht dies. Nicht jeder versteht das Geschäftsmodell der Lizenzierung. Viel einfacher erscheint es bisweilen, Technologieentwicklung, Produktion und Markterschließung aus einer Hand zu denken. Einen Konzern aufzubauen statt eines Ökosystems aus starken unabhängigen Partnern. In diesem Diskurs wurden insbesondere alle möglichen Anwendungsfelder konstruiert, bei denen das Geschäftsmodell der Lizenzierung schlichtweg unsinnig wäre, insbesondere aufgrund der aus verschiedenen Gründen heraus sinnvollen Exklusivitätsprämisse, wie beispielsweise Heimspeicher in Deutschland nur an einen einzigen Lizenznehmer exklusiv zu vergeben. Das Beispiel, an dem die Exklusivitätsprämisse zurecht infrage gestellt wurde, war die Automobilindustrie. Hier ist es nachvollziehbar unmöglich, Anwendungsfelder geografisch und überschneidungsfrei zu vergeben. Auch wollen wir keine Batterieentwicklung für die Automobilindustrie erbringen. Entsprechend haben wir hier unser Geschäftsmodell dahingehend verbessert, dass wir für die Automobilindustrie unseren HPB Festionenleiter als Komponente für deren Batterieentwicklung auf nicht-exklusiver Basis lizenzieren. »Ja, aber…« und »Friendly Fire« haben uns hier einen wichtigen Schritt nach vorne gebracht. Gleichzeitig sind wir klar bei unserem Geschäftsmodell der Lizenzierung geblieben, weil es trotz intensiver Diskussionen keine überzeugenden Gründe für das Konzern-Modell gibt. Ein sinnvoller Kompromiss und eine klare Entscheidung sorgen seither für die notwendige Sicherheit bei den nächsten Schritten.

Eine weitere relevante Kategorie der Widerstände sind Enttäuschungen. Diese Kategorie ist deswegen so tückisch für eine Innovation, weil sie auf der Basis unerfüllter Versprechen beruht. Diese können vielfältige Ursachen haben. Gemein haben sie jedoch, dass sie das Vertrauen in den eigenen Weg erodieren können, dass sie zermürben, dass sie Kraft kosten. Enttäuschungen bauen einen inneren Widerstand auf, der mit steigendem Ausmaß der Enttäuschung wächst. Hier gilt es, das Ende einer Täuschung als Chance zu erkennen, sich neu zu erfinden. Das ist leichter gesagt als getan. Dennoch ist es gut, sich dessen bewusst zu werden. Die eigene Neuerfindung gelingt umso besser, je klarer die Gründe für die Enttäuschung auf dem Tisch liegen und je transparenter man mit der zukünftigen Vermeidung dieser Gründe umgeht. Das Totschweigen einer Enttäuschung, was oftmals leichter erscheint, engt den Chancenblick ein und vereitelt im Zweifel, Enttäuschungen zur eigenen Stärkung zu nutzen.

Besonders herausfordernd sind äußere Widerstände. Dazu zählen eine überkritische Berichterstattung ebenso wie die Netzwerke des Status Quo. Diese Widerstände sind bisweilen so groß, dass selbst scheinbar einfach verfügbare Instrumente, wie beispielsweise Fördermittel, unerreichbar werden. Auch gibt es einen Hang in der Medienlandschaft, eher gegen Innovation zu schreiben, statt ihr den Steigbügel zu halten. All das immer mit der Begründung eines »kritischen Journalismus« und mit der Unangreifbarkeit der »Pressefreiheit« im Gepäck. Ein besonders schlimmes Beispiel dafür bietet die NZZ unter der Überschrift »Das 400-Prozent-Märchen«: Hier wird eine Investitionsrendite auf eine Infrastrukturinvestition in Industriespeicher mit einer Laufzeit von 15 Jahren »verwechselt« mit einer jährlichen Aktienrendite. Entsprechend dieses schwerwiegenden Fehlers – Absicht wäre noch schlimmer und ist bei der Tendenz des Artikels zumindest nicht auszuschließen – erfolgt die Einordnung der Aussage in die Ecke unseriöser Börsenbriefe. Und das aus der Feder eines Journalisten, der sich als Wirtschaftsjournalist bezeichnet. Es sind diese Arten von Berichterstattung, die es vor allem in Europa gibt. Reißerische und negative Nachrichten verkaufen sich offensichtlich besser als positive. Der kreative Ansatz zum Umgang mit einem solchen journalistischen Totalausfall ist die Rückbesinnung auf die eigene Kindheit: Wir bekamen von unserer Oma regelmäßig Märchen vorgelesen. Das Gute hat sich dort am Ende immer durchgesetzt.

Worum es geht

Widerstände haben vielfältige Erscheinungsformen. Sie treten innerhalb und außerhalb des Innovationskreises auf und sind in der Regel ein Anzeichen für eine Überforderung derjenigen, die Widerstand leisten. Es ist gut, sich mit den Widerständen in einer positiven Lesart auseinanderzusetzen. Längst nicht jeder Widerstand ist unbegründet. Vielmehr bietet die Auseinandersetzung die Chance, das eigene Vorgehensmodell, den eigenen Weg, die eigenen Prämissen zu hinterfragen und zu optimieren. Selbst ein fundamentaler Richtungswechsel kann Euch auf dem Weg zum Erfolg Eurer Innovation helfen, so er denn gut und schlüssig begründet ist.

Es gibt allerdings auch Widerstände, die selbst bei positiver Lesart nicht für eine Verbesserung des eigenen Weges genutzt werden können. Dann braucht es eine klare Kante, eine klare Entscheidung, eine Abgrenzung. Besonders robust sind solche Widerstände, die Eure Innovation im Kern angreifen, weil etwas anderes dadurch bewahrt oder beschützt werden soll. Zum Beispiel ein überholter technologischer Stand.

Widerstand, so ist inzwischen meine Einschätzung, ist ein Gradmesser der Innovationskraft Eurer Innovation. Je mehr Eure Innovation infrage stellt, je größer die mit ihr verbundene Veränderung, desto größer die Widerstände. Weil Innovation gegenüber der etablierten Welt in der Regel ressourcenseitig im Nachteil ist, bis sie sich durchgesetzt hat, geht es um Eure Kreativität im Umgang mit diesen Widerständen. Seid bereit, Euch jeden Tag neu zu erfinden. Hinterfragt die tatsächlichen Beweggründe hinter dem Widerstand – nicht die bloße Art des Vortrags. Prüft sorgfältig, welche Verbesserungen sich aus dem aktiven und positiven Umgang mit Widerständen für Euch und Eure Innovation ergeben. Seid aber auch klar bei Euren Grenzen. Das stärkt Eure Authentizität und erhöht letztendlich die unaufgeregte Strahlkraft Eurer Innovation.

How to read

»KREATIVITÄT ALS BESTE ANTWORT AUF WIDERSTAND«

› Mit welchen Widerständen sehe ich mich aktuell konfrontiert?

› Wie ist mein bisheriges Reaktionsmuster auf Widerstände?

› Habe ich bislang sichergestellt, dass ich Widerstände zur eigenen Stärkung nutze?

› Wie kann ich meine Einstellung und die meiner Organisation zum Umgang mit Widerständen verbessern?

› Habe ich mein Reaktions-Repertoire ausreichend breit aufgestellt?

› Wie kann ich meine Kommunikation nach innen und außen verbessern?

› Arbeite ich mit den richtigen Profis zusammen, um Widerstände smart zu überwinden?

»KREATIVITÄT ALS BESTE ANTWORT AUF WIDERSTAND«

DEN GLAUBEN NICHT VERLIEREN

Was steckt drin

Das Geschäft mit der Innovation ist ein waghalsiges Unterfangen. Man muss schon eine gehörige Portion Idealismus mitbringen, um bei den Widrigkeiten und Widerständen in Deutschland und Europa an der Vorstellung festzuhalten, eine Innovation erfolgreich umsetzen zu können. Es erscheint den meisten geradezu als eine Art Selbstaufgabe, sich auf diesen steinigen Weg zu machen. Doch alles, auf dem wir uns in unserer Wohlstandsgesellschaft gerne ausruhen, gibt es nur, weil Menschen an etwas geglaubt haben und ihrer Idee, Vision und zuletzt sich selbst treu geblieben sind. Glaube versetzt Berge. Dass dies keineswegs eine unsinnige Redensart ist, darum geht es in dieser Episode.

Die Episode

An etwas zu glauben, ersetzt kein Wissen. Wissen allein versetzt aber auch keine Berge. Es braucht die Motivation, die tiefsitzende innere Überzeugung, dass sich die Anstrengungen lohnen, die mit der Umsetzung einer Innovation verbunden sind. Für jeden Small Talk gibt es eine wichtige Grundregel: Vermeide die Themen Religion, Politik und Weltanschauung. Small Talk hat allerdings im Kontext von Innovation eine verschwindend geringe Relevanz. Zu gering ist dessen Eindringtiefe, wenn es darum geht, jemanden für etwas Neues zu begeistern. Tiefsitzende innere Überzeugungen gründen auf ein Fundament, das nur durch den Begriff »Glauben« treffend zu bezeichnen ist. Doch was hat es mit diesem Glauben auf sich in einer Welt, in der es vordringlich um Messbarkeit geht? Glauben entzieht sich jeder Messbarkeit. Dennoch macht eben dieser Glaube den entscheidenden Unterschied.

Ein plakatives Beispiel sind alle Gewinner von Casting Shows. Hätten sie nicht an sich geglaubt, nicht darauf vertraut, dass sie ein besonderes Talent haben, und hätten sie sich schließlich nicht getraut, mit diesem Talent auf die Bühne zu gehen und sich der Jury und dem Publikum zu stellen, hätten sie alle dieses Format nicht gewonnen. Haben sie aber.

Die Umsetzung von Innovationen ist ungleich komplexer als die Teilnahme an einer Casting Show. Dennoch ist es wertig, den gemeinsamen Kern zu beleuchten und einmal weit abseits jedes Small Talks über diese elementare Grundlage von Erfolg zu sprechen: Den Glauben an den eigenen Erfolg und die damit verbundene Strahlkraft. Dabei geht es um jede Art von Glauben, die dem Innovator dabei hilft, an seiner Idee festzuhalten, die richtigen Unterstützer zu finden und am Ende des Tages mit einer erfolgreichen Innovation einen Beitrag für die gesellschaftliche Weiterentwicklung zu leisten. Es geht darum, die Seele nicht zu verkaufen, sich bewusst zu machen, dass es Unterstützung und Halt entlang des Weges gibt und die Zuversicht nicht zu verlieren, dass das Licht am Ende des Tunnels keine Lok, sondern der Durchbruch der Innovation in den Erfolg ist.

Vor meinem Einstieg in die Umsetzung unserer Batterieinnovation war ich dank eines schweren Bandscheibenvorfalls an der Schwelle zum chronischen Schmerzpatienten. Regelmäßig musste ich schwere Medikamente einnehmen, um trotz der Schmerzen den Tag erträglich zu gestalten und meine Produktivität zu erhalten. Ich war an einem Punkt, an dem mir gar nicht mehr auffiel, dass ich immer häufiger in diese Schmerzphasen geriet. Eines Tages besuchte ich meinen ältesten und besten Studienfreund. Wir haben uns damals bei der Immatrikulation kennengelernt. Seither verbinden uns nicht nur die aufeinanderfolgenden Matrikelnummern, sondern auch eine tiefe Freundschaft. Bei diesem Besuch meinte er auf einmal, dass er unsere Freundschaft für ausreichend stabil hielte, als dass sie an dem, was er mir gerne sagen würde, Schaden nehmen könne. Mein Interesse war geweckt und ich war offen für die Person, die er mir gerne vorstellen wollte. Eine Person mit außergewöhnlichen Fähigkeiten.

Kurz entschlossen haben wir sie besucht und sie hat mir in einer Sitzung gezeigt, wie sie arbeitet. Zur damaligen Zeit trieben mich zwei elementare Sorgen um: Ich hatte eine gut dotierte Stelle in einem großen Unternehmen gegen die Selbständigkeit getauscht, um mich vollständig der Umsetzung von Innovationen widmen zu können. Dies zu jeder

Zeit getragen von meiner Frau und meiner Familie. Meine erste Sorge, über die ich zuvor mit niemandem gesprochen hatte, war die, dass ich meine Frau mit meinem Drang zur Selbständigkeit und zum Unternehmertum überfordere und damit unsere Familie und unser privates Glück gefährde. Meine zweite, ebenso tiefsitzende Sorge war, dass ich mir nicht sicher war, ob ich der Richtige für die Umsetzung der Innovation unseres Erfinders wäre. Unter keinen Umständen wollte ich durch meine Faszination für seine Erfindung als möglicherweise falsche Person die Umsetzung seines Lebenswerks ungewollt verhindern. Ich wollte sicher sein, dass die richtige Person diese Idee in den Erfolg führt. Meine erste Sorge war unberechtigt, meine zweite Sorge dagegen mein Problem. Zu sehr hatte ich mir die Last auferlegt, allein für den Erfolg dieser Batterieinnovation verantwortlich zu sein. Eine Last, die wir symbolisch in einen Rucksack gepackt und von meinen Schultern genommen haben. Neben der gestärkten Zuversicht in das eigene Tun war dies der letzte Tag, an dem ich chronische Rückenschmerzen hatte – bis heute. Seither arbeiten wir intensiv für die Umsetzung der Innovation zusammen. Dadurch habe ich viel gelernt, so auch, die Signale meines Körpers zu lesen. Ich spüre es beispielsweise körperlich, wenn mir jemand sprichwörtlich »in den Rücken fällt«.

Dieses Treffen war für mich wie eine Zäsur. Ich war schon immer offen für die Vorstellung, dass es da draußen weit mehr gibt als unsere profane Existenz. Heute weiß ich, dass es verschiedene Ebenen von Existenz gibt und dass es besondere Menschen gibt, die zu diesen Ebenen einen Kontakt herstellen können. Wir nennen diesen Zugang unseren »Online-Dienst«. Das, was ich geben kann, ist mein Urvertrauen in diese Verbindung und meinen unerschütterlichen

Glauben daran, dass wir das Richtige tun. Unser Weg ist dabei alles andere als leicht oder einfach. Es ist aber ein sehr gutes Gefühl, getragen zu sein – auf allen Ebenen, die es für eine Innovation braucht.

Worum es geht

Das wichtigste Fundament einer jeden Innovation ist der unerschütterliche Glaube des Innovators an seine eigene Idee. Dieser Glaube hilft dabei, sprichwörtlich Berge zu versetzen. Und der Weg einer Innovation in den Erfolg könnte nicht besser beschrieben werden als durch die Aufgabe, Berge zu versetzen. Ohne diesen Glauben fehlen Zuversicht und Selbstvertrauen in die eigenen Fähigkeiten. Es fehlt das Fundament für den eigenen Erfolg.

Auch wenn wir für unseren Weg mit dem »Online-Dienst« einen ganz besonderen Zugang gefunden haben, bedeutet dies nicht, dass dies der Weg für jede Innovation, geschweige denn für jeden Innovator ist. Vielmehr geht es darum, sich auf das zu besinnen, was einem diese erfolgskritische Zutat für den Erfolg, nämlich den Glauben an die Innovation, dauerhaft absichert. Dafür hat jeder Innovator seinen eigenen Zugang. Ebenso wie es für Innovationen keine Blaupausen gibt, gibt es sie nicht für den Zugang zu diesem Fundament.

Ihr kennt das Gefühl, wenn sich Dinge richtig gut anfühlen. Sie geben Kraft und Energie. Sie beflügeln und machen den Weg frei für die nächste Etappe. Ihr kennt auch das Gefühl, wenn sich Dinge nicht gut anfühlen. Sie rauben Kraft und kosten Energie. Sie ziehen einen runter und machen es unendlich schwer, sich auf die nächste Etappe zu begeben. Vielleicht ist es diese Intuition, dieser einfache Kompass, der bereits reicht, um sich bewusst zu machen, dass der Erhalt des Glaubens an die eigene Innovation und die Vorteilhaftigkeit des eigenen Einsatzes für deren Umsetzung die wichtigste Voraussetzung für den eigenen Erfolg ist.

Dieser Glaube ist wie ein innerer Schatz. Lasst nicht zu, dass dieser Schatz von außen beschädigt wird. Seid offen für alle Wege, die Euch und Euren Glauben an die Innovation stärken. Dabei geht es nicht darum, vor der Realität die Augen zu verschließen. Es geht vielmehr darum, in dem Dschungel der Realität verschiedenen Pfade zu erkennen, die Euch in Richtung Erfolg führen können. Als Innovatoren sind alle Augen auf Euch gerichtet. Ihr müsst Euren Gefährten die Zuversicht vermitteln, dass sich alle Anstrengungen tatsächlich lohnen werden. Es ist an Euch, flexibel mit den Herausforderungen für Eure Innovation umzugehen, Euch regelmäßig zu hinterfragen, ob die Schritte, die Ihr geht, die Personen, mit denen Ihr Euch umgebt, geeignet sind, das Ziel zu erreichen. Dafür ist es wichtig, innehalten zu können. Die Stille zu suchen, die es braucht, um klare Gedanken fassen und die eigene Intuition spüren zu können. Den Austausch zu suchen, der Euch die notwendigen Perspektiven bietet.

Mich hat es erstaunt, wie viele Menschen die Existenz eines »Online-Dienstes« bestätigen und mit mir darin übereinstimmen, dass diese Verbindung eine besondere Erdung für die Umsetzung einer Innovation bietet. Urvertrauen statt Zweifel, Einlassen statt Kontrolle, Zuversicht statt Verzweiflung – das sind die Komponenten, die Euch dabei helfen, den Glauben an Euch und Eure Innovation nicht zu verlieren.

How to read

»DEN GLAUBEN NICHT VERLIEREN«

› Glaube ich an meine Innovation und an meine
Fähigkeiten, diese in den Erfolg zu führen?

› Welche Menschen oder Fähigkeiten fehlen mir?

› Wie unerschütterlich ist mein Glaube an meine
Innovation als Fundament des Erfolgs?

› Weiß ich, wie ich meinen Glauben an meine
Innovation stärken kann, und wo ich mich
gegebenenfalls selbst blockiere?

› Bin ich heute schon ausreichend klar darin, mich
auf die Menschen und Themen zu konzentrieren,
die mir Kraft und Energie geben?

› Was hindert mich daran, Menschen und Themen
loszulassen, die meinen Glauben an die Innovation
und meine Zuversicht für den Weg erschüttern,
die mich Kraft und Energie kosten?

› Kenne ich die Quellen, aus denen ich meinen
Glauben in meine Innovation und meine Fähigkeiten auffrischen und lebendig halten kann,
und nutze ich diese?

BEI GELD HÖRT DIE FREUNDSCHAFT AUF

Was steckt drin

Der 30. Juli ist der internationale Tag der Freundschaft. Am 04. Dezember ist der internationale Tag der Banken. So weit wie diese beiden Tage im Jahreskalender auseinanderliegen, so wenig passen Geld und Freundschaft sprichwörtlich zusammen. Ein Verweis auf diese Erfahrung findet sich bereits bei Shakespeare. Dabei wird Geld leihen aus dem Freundes- oder Familienkreis oft als problematischer wahrgenommen, als selbst im Freundes- oder Familienkreis Geld zu verleihen. Angst, Scham oder ein schlechtes Gewissen sind dafür die häufigsten Beweggründe. Welche anderen Perspektiven es auf dieses Sprichwort mit Blick auf Innovationen geben kann, darum geht es in dieser Episode.

Die Episode

Freundschaft ist ein hohes Gut. Hier fühlt man sich geborgen, unterstützt und getragen. Freunde verbindet ein starkes Band. Man kennt den anderen teilweise besser als sich selbst. Umso erstaunlicher ist es, dass bei Geld für viele die Freundschaft tatsächlich aufhört. Setzt man sich mit der Herkunft dieses Sprichwortes auseinander, stellt man fest, dass es in der Regel um eine Notsituation geht, in der sich der eine von einem anderen Geld leihen muss. Die emotionale Nähe wird dabei als Hauptursache für mögliche Streitereien ausgemacht. Es wird gar empfohlen, dass sich der Geldgeber damit auseinandersetzen muss, das verliehene Geld vielleicht nie wiederzusehen.

Wechselt man die Perspektive, so bietet Innovation die Chance, märchenhaft reich zu werden. Dafür bedarf es zu Beginn entsprechender Investitionen und einer Risikoübernahme. Würde man es seinen Freunden und seiner Familie nicht auch gönnen, ein Stück von diesem Kuchen abzubekommen? Was genau hält so viele eigentlich davon ab, genau so zu denken. Investoren übernehmen strukturell Risiken, die bei ihrem Eintritt bis zu einem Totalverlust führen können. Dieses Risiko besteht übrigens auch beim Erwerb von Aktien an der Börse. Niemand ist davor gefeit, dass Risiken, die mit Chancen immer verbunden sind, eintreten können. Übertragen auf den Fall des Geldleihens wäre der risikofreie Fall das Geldverschenken. Dann muss man sich keine Sorgen darüber machen, ob man sein Geld wiedersieht. Verschenkt man jedoch Geld – beispielsweise dadurch, dass man im Erfolgsfall seine Familie und Freunde großzügig bedenkt – rutscht man mit wenigen Ausnahmen jenseits eines Freibetrages ab in eine erhebliche Schenkungssteuerlast.

Allerdings gibt es auch eine ganz andere Perspektive, die dazu einlädt, diesen Grundsatz »bei Geld hört die Freundschaft auf« einmal grundständig im Kontext von Innovationen zu überdenken. Die tradierte Zurückhaltung der Ansprache des Freundes- und Familienkreises stellt im Ergebnis nämlich nichts anderes als eine Bevormundung dar. Eine Bevormundung, weil die Entscheidung, nicht zu investieren, durch die Zurückhaltung des Innovators getroffen wird. Dabei würde sich mancher Freund und manches Familienmitglied sicherlich wünschen, als mündiger Entscheider über seine eigenen Investitionsentscheidungen wahrgenommen zu werden.

Das lenkt den Blick auf einen ganz anderen Aspekt einer Investition in Innovation: Vertrauen und Transparenz. Das sind ganz natürliche Bestandteile einer jeden Freundschaft. Und es sollten die ganz natürlichen Bestandteile einer jeden Investition in Innovation sein. Dabei sollte man sich nicht – wie häufig im Due Diligence Prozess von Investoren verlangt – zunächst einmal komplett ausziehen müssen, bevor man mitgeteilt bekommt, ob und unter welchen Voraussetzungen eine Investition in die Innovation überhaupt denkbar wäre. Bei der Anbahnung einer Beziehung bittet man den möglichen Partner ja auch nicht um eine vollständige Inaugenscheinnahme im Restaurant beim ersten Date. Es geht vielmehr um die Aufrichtigkeit, die man mit Freunden ohnehin pflegt. Die Aufrichtigkeit im Bezug zu den Chancen und Risiken der Innovation. Insbesondere über die Risiken lässt sich im Freundeskreis sehr viel entspannter sprechen, eben weil man sich so gut kennt.

Zu einer Freundschaft gehört Mut. Man muss sich auf den anderen einlassen. So, dass der andere einen im Zweifel besser kennt als man sich selbst. Erst dann kann man sich in einer Freundschaft fallen lassen. Mut bedeutet auch, dem anderen seine eigene Entscheidung über die Teilnahme an der Innovation selbst zu überlassen, ihm diese Entscheidung in aller Freundschaft zuzumuten. Dann gibt es kein Gefälle der Scham, kein Ausnutzen, keinen Neid. Dann geht es nicht um Reichtum oder Macht. Dann geht es nur noch um die Chance, im Erfolgsfall ein Stück vom Kuchen zu bekommen. Es geht um das individuelle Glück. Nach Aristoteles gibt es drei Arten von Freundschaft: Lustfreundschaft, Zweckfreundschaft und wahre Freundschaft. Alle diese Freunde haben es verdient, selbst die Entscheidung über ihre Investition in die Innovation treffen zu können.

Wir hatten gleich mehrfach das Glück, Freunde für unsere Innovation gewinnen zu können, die uns finanziell unterstützt haben. Sie haben dies getan in dem vollen Bewusstsein des Risikos eines Totalverlustes und mit der bedingungslosen Konsequenz, wie dies nur Freunde vermögen. Wir haben dafür jedes Mal sowohl die Chance als auch die Risiken zum jeweiligen Entwicklungsstand transparent miteinander besprochen. Wir haben außerdem zu jedem Zeitpunkt klar vereinbart, dass es die alleinige Entscheidung unserer Freunde war, zu investieren oder nicht zu investieren. Und wir haben darauf geachtet, dass es einen fairen Chancen-Risiko-Ausgleich gab. Mit dieser Transparenz und Konsequenz ist es uns gelungen, auch solche Täler gemeinsam zu durchschreiten, die ohne die Unterstützung zu tief für uns gewesen wären. Wir haben Unterstützung erfahren, als »normale« Investoren nicht mehr auf uns »gewettet« haben. Ja, das ist ein Moment der Scham. Es ist aber auch ein Moment der unendlichen Dankbarkeit. Dankbarkeit für die Freundschaft und Dankbarkeit für die Hilfe.

Worum es geht

Ein Kilo Freundschaft bitte? Nein, Freunde kann man sich nicht kaufen. Das lernen wir schon als Kinder. Und das ist auch gut so. Aber hört Freundschaft deswegen bei Geld auf? Das zumindest haben wir auch von Kindesbeinen an gelernt. Über Geld spricht man nicht. Geht es aber um Innovation, bietet die Teilhabe an der Innovation enorme Chancen im Erfolgsfall. Und an diesen Chancen sollen wir unsere Freunde nicht teilhaben lassen? Diese Entscheidung sollten wir unseren Freunden und unserer Familie selbst überlassen. Nehmen wir ihnen diese Entscheidung ab, bevormunden wir sie, nehmen sie nicht für voll.

Wichtig dabei ist, dass Ihr das Angebot zur Beteiligung an Eurer Innovation an keine Erwartung knüpft, weder für noch gegen die Teilhabe. Außerdem solltet Ihr Eure Freunde und Eure Familie ebenso transparent über die möglichen Risiken informieren, wie jeden anderen Investor auch. Ihr werdet feststellen, wie klar und einfach solche Gespräche sind, wenn Ihr Euch traut, sie zu führen.

In Situationen, in denen Euch alle anderen, die Euch nicht so nahestehen, nur noch die Daumen drücken, ohne Euch finanziell zu unterstützen, werdet Ihr feststellen, dass Freunde und Familie, die sich selbst für die Chancen und Risiken Eurer Innovation entscheiden, Euch im Zweifel sogar bereitwilliger dabei helfen, kritische Situationen zu überstehen. Freundschaft erfordert Mut: Mut, sich zu öffnen, Mut, sich einzulassen, Mut, zu vertrauen, Mut, sich helfen zu lassen, Mut, sich der ehrlichen Kritik zu stellen, Mut, die Entscheidung dem anderen zuzumuten und zu akzeptieren. Mut wird belohnt, besagt ein weiteres Sprichwort. Ein Sprichwort, das so ursächlich zur Innovation dazu gehört, wie der internationale Tag der Freundschaft und der internationale Tag der Banken in einem Jahr liegen.

How to read

»BEI GELD HÖRT DIE FREUNDSCHAFT AUF«

› Habe ich bereits Freunde oder Familie als
Unterstützer für meine Innovation an Bord?

› Was sind meine Beweggründe, diese Gruppe
nicht zu fragen?

› Wie gehe ich damit um, wenn mich Freunde und
Familie fragen, ob sie bei mir investieren können?

› Welche Ängste blockieren mich selbst,
um auf Freunde zuzugehen?

› Wie kann ich für einen fairen Chancen-Risiko-
Ausgleich sorgen?

› Was hilft mir dabei, mir klarzumachen, dass
insbesondere Freunde und Familie mir bei der
Überwindung großer Schwierigkeiten helfen
können?

› Wie mutig bin ich als Freund – auf jeder Seite der
Freundschaft?

ZWISCHEN SEED UND GROWTH: DIE TODESZONE DER INNOVATION

Was steckt drin

Innovation hat es von Natur aus schwer. Das liegt daran, dass sie etwas anders denkt und anders löst, als es bisher getan wurde. Vor allem technische Innovationen fallen in dieses Muster. Den Dieselmotor wollten zu Zeiten seines Erfinders Rudolf Diesel ebenso wenig Menschen in der Welt sehen, wie ihn heute Menschen aus der Welt herausdenken möchten. Apps, die heute unseren Alltag dominieren oder gar beherrschen, gab es vor der Einführung des iPhones nicht. Auch hier dominierte zunächst der Widerstand. Bei Innovationen, die auf eine Serienproduktion angewiesen sind, tritt ein Phänomen zutage, das bei den Software-basierten Innovationen oder Dienstleistungen weit weniger Relevanz besitzt: Die Bedeutung der ersten Serienproduktion. Welche Tücken damit für die Innovation verbunden sind, darum geht es in dieser Episode.

Die Episode

Eine Innovation gilt dann formal als eine Innovation, wenn sie erfolgreich im Markt angekommen und etabliert ist. Mit diesem Begriff werden also erfolgreiche Veränderungen geadelt, die Dinge anders oder gänzlich neu ermöglichen und damit im Vergleich zum Status Quo einen Entwicklungssprung darstellen. Solche Veränderungen sind wie alle Änderungen auf dem Weg ihrer Entstehung und mit ihrem Erfolg immer auch mit Risiken verbunden. Die Vermeidung von Veränderungen ist übrigens ebenfalls mit Risiken verbunden. Nicht umsonst hat diese Aussage einen wahren Kern: Wer nicht mit der Zeit geht, geht mit der Zeit.

Die Inkaufnahme und Überwindung vieler Risiken von Veränderungen gelingen leichter durch eine ausreichende Liquidität – ebenso wie auch das Aussitzen von Veränderung. Genau diese Liquidität ist jedoch oftmals der kritische Punkt, der Engpass einer Innovation auf ihrem Weg in den Erfolg. Dabei ist es erstaunlicherweise egal, ob die Innovation aus einem etablierten Unternehmen oder einem Startup stammt. Bei etablierten Unternehmen heißt der Gegenspieler der Liquidität »Tagesgeschäft« oder »Cashcow«. Bevor Innovationen das Potenzial haben, den »Cashcows« der Gegenwart den Rang für die Zukunft abzulaufen, trocknet der Fokus auf das Tagesgeschäft die Liquidität für Innovationen oftmals aus. »Corporate Innovation« hat entsprechend eigene, interne Herausforderungen zu überwinden. Daher haben viele große Unternehmen Akzelerator-Programme ins Leben gerufen, die eine Brücke zwischen externer Geschwindigkeit und Flexibilität und einer finanzstarken Konzernstruktur schaffen sollen. Über solche Programme werden Startups eng an die jeweiligen Unternehmen gebunden und in der Anfangsphase mit den notwendigen Mitteln ausgestattet. Doch diese Anbindung stellt keinesfalls sicher, dass die Innovation in einem solch »sicheren« Hafen auch in den Erfolg kommt. Vor allem dann nicht, wenn eine spätere Übernahme der Innovation in das Kerngeschäft des großen Unternehmens ansteht. Dann greifen oftmals dieselben Mechanismen wie bei einer Innovation »von innen«: Tagesgeschäft, also Gegenwart, sticht Zukunft.

Bei Innovationen außerhalb etablierter Unternehmen erfordert die Liquidität oftmals eine Finanzierung von außen, also durch Investoren, Banken und Fördermittel. Es gibt dabei zwei grundlegende Phasen, die strukturell jeweils eigenen Regeln folgen: Die Frühphase (Seed) und die Wachstumsphase (Growth) einer Innovation. In der Frühphase der Innovation sind die Umsetzungsrisiken noch vergleichsweise hoch. Es geht um Risiken in drei Kategorien: Technologierisiken, Produktionsrisiken und Marktrisiken. Je weiter eine Innovation fortschreitet, desto geringer werden die Risiken in diesen drei Kategorien. Entsprechend steigt der Unternehmenswert. Investoren, die sich auf die Frühphase von Innovationen spezialisiert haben, reizt allerdings der Hebel einer möglichst frühen Investition. Zu einem Zeitpunkt also, in dem das Risiko noch hoch, der Unternehmenswert – und damit der Wechselkurs in Firmenanteilen – noch niedrig ist. Je geringer das Risiko, desto geringer das Interesse dieser Investorengruppe. In dieser Erkenntnis steckt eine unbequeme Wahrheit: Für denselben Zielanteil am Unternehmen müssen Investoren über Zeit immer mehr Geld auf den Tisch legen. Es ist aus dieser Perspektive betrachtet vorteilhaft, so früh wie möglich in diese Innovation zu investieren. Nur so kann man mit den auch auf Investorenseite beschränkten Mitteln eine größtmögliche Diversifikation und damit Risikostreuung bei gleichzeitiger Chancenmaximierung erreichen. Bei diesem Modell reicht es, wenn es einigen wenigen Innovationen gelingt, sich bis in den Erfolg »durchzubeißen«. Für die meisten Investoren dieser Art trifft es auch zu, dass sie sich einen späteren Einstieg selbst kaum leisten können. Ihre Taschen sind oftmals für eine Innovation mit Produktionsbedarf gar nicht tief genug, um die erste Serienfertigung zu finanzieren. Sie können sich im Ergebnis eine Serienproduktion also gar nicht leisten. Die andere Gruppe der Investoren ist die der Wachstumsfinanzierer. Sie scheut das Risiko. Sie ist sehr gut kapitalisiert und kann auch Infrastrukturprojekte problemlos finanzieren. Diese Gruppe hat sich auf die Wachstumsphase von Innovationen spezialisiert. In dieser Phase sind die Technologie-, Produktions- und Marktrisiken in der Regel überwunden. Es geht »nur« noch um die Skalierung der Innovation. Konsequenterweise treten sie erst ab der zweiten Serienproduktionslinie in Erscheinung.

Zwischen diesen beiden Gruppen, den Frühphaseninvestoren (Seed) und den Wachstumsfinanzierern (Growth) klafft eine riesige Lücke. Es gibt fast keine Überschneidungsbereiche. Selbst öffentliche Einrichtungen, die sich die Förderung von Innovationen von gesellschaftlicher Bedeutung auf die Fahne schreiben, haben dafür keine Lösung. Ein Beispiel für eine solche öffentliche Einrichtung ist die Bundesagentur für Sprunginnovationen in Deutschland, SPRIND. Diese Lücke, also die Erreichung der ersten Serienproduktion, ist für mich am besten als »Todeszone der Innovation« oder als »Death Valley of Innovation« zu beschreiben.

Die oft propagierte, einzige Lösung zur Überwindung dieser Todeszone lautet aus Sicht vieler Berater und Frühphaseninvestoren: Verkauft Eure Innovation an ein großes

Unternehmen. Spannend bei diesem Rat ist, dass es die aktuell »üblichen verdächtigen« Garanten des Erfolgs vor 30 Jahren selbst noch gar nicht gegeben hat. Diese Garanten haben sich also selbst einmal auf den Weg gemacht und ihre Innovation in den Erfolg geführt. Sie haben dabei oftmals selbst diese Todeszone durchschritten und kreative Lösungen zum Überleben gefunden. Lösungen, die im Nachhinein naheliegend wirken und doch im Voraus unmöglich erschienen.

Worum es geht

Für Innovationen mit Serienproduktionsbedarf liegt das höchste Risiko in der ersten Serienproduktionslinie. Bis dahin steht der Beweis der Produzierbarkeit aus, bis dahin sind Produktions- und Marktrisiken nicht auf null zu reduzieren. Euer Unterfangen unterliegt bis dahin also einer überproportionalen Risikobewertung von außen. Entsprechend wichtig ist die Erreichung der Serienproduktionsreife für den Durchbruch Eurer Innovation.

Ihr könnt gar nicht früh genug damit beginnen, Euch für diese Todeszone zu wappnen. Dabei geht es um die Identifikation geeigneter Partner, die Euch auch in der Wahrnehmung von außen wirksam bei der Erreichung der ersten Serienproduktion helfen können. Dafür habt Ihr einiges zu geben. Ein besonders wirksames Mittel stellen echte Kooperationen dar. Bei diesen ist es für jeden Beteiligten vorteilhaft, seine Stärke für das Gelingen der Innovation einzubringen. Dies erfordert die Bildung einer Risiko- und Gewinnverteilungsgemeinschaft. Weder der Fokus auf die Risikobeteiligung noch auf eine Gewinnbeteiligung baut eine stabile Kooperation auf. Wird der Risikoträger nicht am Gewinn beteiligt, ist die Risikoübernahme für ihn ungleich weniger attraktiv. Ist die Forderung nach einer Gewinnbeteiligung außerhalb des Verhältnisses derer, die das Risiko tragen, ist die Aufnahme eines solchen Partners in die Gewinngemeinschaft ebenfalls weniger attraktiv. Es geht also um ein ausgewogenes Verhältnis zwischen Risiko- und Gewinnbeteiligung.

Entsprechende Vorsicht ist also bei der Auswahl der Finanzierungsinstrumente geboten. Sind die geforderten Unternehmensanteile oder die Zinsen zu hoch, könnte dies die Umsetzung der Innovation aufgrund geänderter Entscheidungsverhältnisse gefährden. Um im Bild des »Death Valley of Innovation« zu bleiben, dass ihr für Eure Innovation auf dem Weg zur ersten Serienproduktion in der Regel durchschreiten müsst, geht es um die Auswahl der Gefährten, mit denen Ihr die Herausforderungen der Todeszone meistern könnt. Kannibalismus durch eine Schieflage der Anreizsysteme in der Zusammenarbeit gefährdet den Zusammenhalt der Gruppe und schmälert Eure Chancen, in der Serienproduktion anzukommen. Der Verkauf Eurer Innovation an eine große Firma ist für Eure Innovation ebenfalls der Beitritt zu einer Gruppe zur Durchschreitung der Todeszone und keinesfalls ein gut klimatisierter Party-Bus mit ausreichend kühlen Getränken.

How to read

**»ZWISCHEN SEED UND GROWTH:
DIE TODESZONE DER INNOVATION«**

› Habe ich die erste Serienproduktion ausreichend im Blick?

› Weiß ich, wen ich für die Erreichung der Serienproduktionsreife benötige?

› Ist mein Kooperationsmodell ausreichend attraktiv und stabil?

› Gibt es Schieflagen in den Anreizen der Zusammenarbeit, die den Zusammenhalt auf dem Weg gefährden können?

› Wie passt meine Finanzierung zu der noch zurückzulegenden Wegstrecke bis zur Serienproduktion?

› Welche Menschen könnten mir durch die Todeszone der Innovation helfen?

› Wie kann ich die Reise für alle Gefährten attraktiver und damit chancenreicher gestalten?

DIE PSYCHOLOGIE DER INNOVATION – VON DER IDEE BIS IN DEN MARKT

Was steckt drin

Die Idee für eine Innovation ist ein bedeutender Moment. Es ist das unglaubliche Gefühl, etwas ganz Besonderes geschenkt bekommen zu haben. Eine Idee, die etwas Bestehendes substantiell besser macht oder etwas ermöglicht, das bislang unmöglich war. In diesem Moment erscheint alles sehr klar. Die Schritte sind eindeutig, die Wege kurz, der Ressourcenbedarf überschaubar. Doch in vielen Fällen ist diese Idee der Beginn einer langen und beschwerlichen Reise. Einer Reise, die dem Innovator bisweilen alles abverlangt, ihn an den Rand der Leidensfähigkeit bringt und oft über die Grenzen seiner eigenen Motivation und Begeisterungsfähigkeit hinaus fordert. Eine Reise, die allzu oft in Situationen führt, an denen man lieber umkehren oder gar aufhören möchte. Wie wunderbar die Reise trotz aller Strapazen ist, darum geht es in dieser Episode.

Die Episode

Geschichten über erfolgreiche Innovationen und deren Innovatoren zu lesen, ist wie eine Zeitreise. Was muss das für ein überwältigender Moment für Christiaan Barnard 1967 in Kapstadt gewesen sein, als sein Patient Louis Washkansky mit einem neuen Herzen aufgewacht ist. Vorausgegangen war tags zuvor, am Sonntag, den 03. Dezember 1967, um 05:52 Uhr, der Moment der Erleichterung: Das frisch transplantierte Herz schlug wieder. Das sind Momente für die Ewigkeit. Momente, die ganz besonderen Menschen gehören. Menschen, die für ihre Innovation alles gegeben haben. Menschen, die sich aufgeopfert haben. Heute zählt eine Herztransplantation zu den Routineeingriffen. Die eigentliche Pionierleistung wird dabei oftmals vergessen. Die Innovation wird selbstverständlich, ohne es zu irgendeinem Zeitpunkt auf dem Weg zum Durchbruch je gewesen zu sein.

Allen Innovatoren ist gemein, dass sie eine Vision von etwas haben, etwas vor ihrem geistigen Auge sehen können, das zuvor kein anderer erdacht hat. Für sie ist ihre Idee greifbar, spürbar, anfassbar, machbar. Die einzige Herausforderung: Diese Idee muss einfach nur umgesetzt werden. Und genau da beginnt die Reise des Innovators mit seiner Innovation im Gepäck. Mit dabei sind eine große Portion Vorfreude und hoffentlich ausreichend viel Naivität im Bewusstsein der bevorstehenden Erfahrungen.

Vergleicht man unterschiedliche erfolgreiche Innovationen und deren Innovatoren, so stellt man als Gemeinsamkeit fest, dass in der Regel kein Innovator seine Innovation ganz allein in den Erfolg geführt hat. Es geht also zuvorderst um die Gewinnung der richtigen Gefährten. Die bringen Eigenschaften mit, die dem Innovator fehlen oder dessen

Fähigkeiten erweitern und ergänzen. Es liegt in der Natur der Sache, dass Gefährten den Innovator vielleicht nur ein Stück des Weges begleiten können oder wollen, dass neue Gefährten hinzutreten. Worum es dabei immer geht, ist die innere Überzeugung und Identifikation mit der Innovation, um Purpose. Gefährten geht es nie in erster Linie um Geld, Ruhm und Anerkennung. Sie stellen sich in den Dienst der Innovation und des Innovators und bringen ihre Fähigkeiten zum Gelingen ein. Dadurch werden sie zu Gefährten und unterscheiden sich wesentlich von den zahlreichen Trittbrettfahrern, die vor allem durch Selbstoptimierung entlang des gesamten Weges auffällig werden.

Gefährten sind jedoch auch nur ein Teil der Reise einer Innovation in den Erfolg. Wesentlich sind auch die Ressourcen, die es braucht, um diese Innovation umzusetzen. Dabei geht es oft um weit mehr als die reinen finanziellen Ressourcen. Es geht um Zugang zu Wissen, Technologien und Material und nicht zuletzt auch um das passende Geschäftsmodell. Auch hier liegt der wesentliche Antrieb für andere, diese Ressourcen bereitzustellen, in der Strahlkraft der Innovation und des Innovators begründet.

Für die Gewinnung und Bindung der richtigen Gefährten und notwendigen Ressourcen ist es von entscheidender Bedeutung, zu jeder Zeit und zu jeder Gelegenheit die eigene Innovation und die damit verbundene Vision so zu vertreten, dass die Einladung zur Teilhabe gerne angenommen wird. Ist der Erfolg erst eingetreten, liegt es in der Natur der Sache, dass auf einmal viele Väter des Erfolgs ihre Ansprüche geltend machen wollen. Trittbrettfahrer und solche, die sich im Glanz der Innovation sonnen möchten, kommen aus allen Löchern gekrochen. Gänzlich anders sieht die Situation entlang der Reise aus. Oft genug gilt es, einen einsamen und schmalen Grat zu beschreiten, beispielsweise den zwischen Insolvenzverschleppung und Überleben. Und all jene, die einem konsequent die Daumen drücken, ohne einen eigenen Beitrag zu leisten, kosten im Zweifel nur Zeit und bringen Innovation und Innovator nicht voran.

Es ist hilfreich, sich bewusst zu machen, dass es keine Blaupause für Innovationen gibt. Jede Idee, jede Vision hat ihre eigenen Gesetzmäßigkeiten und Voraussetzungen für den Erfolg. Entlang des gesamten Weges braucht es Kompetenz statt Gier, Purpose statt Multiple. Im Erfolgsfall ist sowieso genug für alle da. Die Anwartschaft auf ein Stück vom Kuchen wird allerdings während der Reise erworben, nicht auf den Liegestühlen hinter dem Zieleinlauf.

Die Reise ist bisweilen beschwerlich. Rückschläge zwingen zum Innehalten, erfordern einen Richtungswechsel, nicht selten auch einen kompletten Neuanfang. Doch diese Anstrengung lohnt sich, wenn es dem Innovator gelingt, die Strahlkraft seiner Innovation und die Zugkraft seiner Gefährten immer wieder neu zu aktivieren. Der Glaube an die eigene Idee und den Erfolg der Innovation ist das Fundament, auf dem all das gründet. Er ist die unerschütterliche DNA der Innovation.

Worum es geht

Es geht um Eure Innovation, um Eure Vision, um Eure Fähigkeit, Dinge zu sehen, die anderen verborgen sind. Es geht um Eure Reise in den Erfolg, um Euch und Euren Glauben an Euch und Eure Fähigkeiten. Es geht um Euer Bewusstsein dafür, dass die Umsetzung Eurer Innovation möglicherweise eine lange Reise wird. Und es geht darum, dass Ihr Euch

entlang des Weges die notwendige Naivität erhaltet, die
Euch nicht alle Hürden allzu weit im Voraus erkennen lässt.
Denn diese Hürden können Euch den Spaß an der Umsetzung gehörig verderben. Es geht darum, Euch regelmäßig
zu vergewissern, dass Eure Innovation etwas ganz Besonderes ist, dass es sich lohnt, sich für ihre Umsetzung einzusetzen. Es geht darum, die Etappenerfolge zu feiern und zu
genießen und den Spaß auf der Reise immer wieder neu zuzulassen. Eine Reise, die nur am Ende Spaß macht, ist keine
Reise, an die man sich gerne erinnert.

Geht mit den Herausforderungen kreativ und offen um.
Geht mit Euren Wegbegleitern offen und wertschätzend um.
Seid und bleibt Euch darüber im Klaren, dass Ihr es seid, die
im Zweifel auch unangenehme Entscheidungen treffen
müssen, die den Kopf dafür hinhalten, wenn etwas schief-
geht. Seid und bleibt offen für die Belange, Bedürfnisse und
Befindlichkeiten Eurer Gefährten, denn sie machen für
Euch und Eure Innovation den Unterschied. Erkennt ihre
Fähigkeiten und würdigt ihr Engagement. All das hilft Euch
dabei, der erfolgreichen Umsetzung Eurer Innovation jeden
Tag ein messbares Stück näher zu kommen – auch, wenn es
einmal nicht so gut läuft.

Wer, wenn nicht Ihr selbst, soll das Ziel im Blick behalten,
damit aus Eurer Vision die Zukunft wird. Eine Zukunft auf
der Basis Eurer Innovation. Eine Zukunft zum Wohle der
Welt. Der Erfolg Eurer Innovation wird sich ebenso überwäl-
tigend anfühlen wie das schlagende Herz nach der ersten
Transplantation. Seid mutig und geht Euren Weg. Ich jedenfalls wünsche Euch dazu jederzeit die richtigen Gefährten,
die notwendigen Ressourcen und das richtige Gespür für
die Erfordernisse Eurer Innovation. Sie ist es wert!

ÜBER DEN AUTOR

Dr. rer. pol. Sebastian Heinz, MSSc Humangeographie, ist Gründungsmitglied der High Performance Battery Technology GmbH und der High Performance Battery Holding AG, die er seit Juli 2023 als Geschäftsführer und CEO leitet.

Zuvor war er bei der Telekom Deutschland im Geschäftskundenvertrieb für das Internet der Dinge (IoT) verantwortlich. Mit seiner Dissertation zur Markterschließung im Kooperationsmodell entwickelte er eine alternative Strategie für die freiwillige Einführung von Smart-Metering-Systemen in Deutschland. Die darin entwickelten Ansätze sind auch für den Einsatz von Batteriespeichern geeignet und erschließen damit das Potenzial von Plattformmodellen für die Energiewirtschaft.

Im Jahr 2018 gründete er zudem das Institut für Innovations- und Kooperationsmanagement (InCoom), das sich auf die Entwicklung von nachhaltigen Geschäftsmodellen spezialisiert hat.

(EIGEN)WERBUNG/REKLAME/ ABSATZFÖRDERUNG

 HPB | High Performance Battery Technology GmbH
highperformancebattery.de

 HPB | LinkedIn
linkedin.com/company/ high-performance-battery-holding-ag

 Dr. Sebastian Heinz | LinkedIn
linkedin.com/in/ sebastian-heinz-612199/

 Dissertation
urn:nbn:de:hbz: 464-20170406-092750-1

 Twinprint Verlag
twinprint-verlag.de/ verlagsprogramm